聖嚴法師 ——著

釋常華、葉文可 譯
陳維武 審訂

完全證悟
聖嚴法師說《圓覺經》生活觀

Complete
Enlightenment
Zen Comments on the Sutra of
Complete Enlightenment

一行禪師序

在佛陀的真正教導中,圓滿的覺悟是由不圓滿的覺悟所構成,意思是說,在日常生活裡正念的行為、言語及心意中,圓滿的覺悟已然存在,不需要再向外尋求圓覺。

假設你位於波士頓與紐約之間,往一個方向看是波士頓,往另一個方向看是紐約。如果你想去波士頓,就必須朝著波士頓的方向走,當你面向波士頓時,波士頓就已在你心中,與你同在。如果你朝著紐約的方向走,就錯失了波士頓,但是,只要你知道如何回頭,波士頓仍然在原地等著你。路途中的每一點都包含了波士頓,而路上的任何一點也包含了紐約,圓滿的覺悟與徹底的無明互相包含,完

全一樣。

　　在修行當中，我們聽聞佛法、討論佛法，來加深我們的理解，同時在日常生活的行、住、坐、吃飯、喝水、打掃、煮飯等活動中運用佛法。《圓覺經》是佛陀與大菩薩們在廣大僧眾前討論佛法的法會，如果我們知道如何置身彼處，知道如何去聽，就能真正地參加這場仍然未散的盛會。如果學得好，我們就不會被文字（如三昧、三摩鉢提、禪定）、句子及觀念所困。許多人只樂於欣賞觀念，甚至能欣賞殊勝的觀念，卻不能將之付諸實踐，這是佛陀所不願見到的。

　　至於某部經到底是佛陀親口所說的，還是他的弟子所說的；是出於佛陀的年代，還是佛滅後數百年，我們不應該為這些問題而困擾。如果佛陀的弟子修行得力，證得佛法的真諦，那麼他所說的話，就如同佛陀親口所說。如果我們能抱持這樣的心態，就能從這本著名的經典中學到很多東西，得到很大的利益。

　　聖嚴法師是一位偉大的老師，我對他的學問與智慧有很大的信心。能成為他的朋友，我很榮幸。我也很欽佩他在東、西方為佛法所做的一切。在此，將這幾行序言，誠懇地獻給我們的友誼。請欣賞這翻譯優美的經文，以及這位偉大而稀有的禪師

所給予的寶貴註解及指導。

一行禪師

梅村

一九九六年十二月六日

自序

《圓覺經》在中國佛教史上,是一部很重要的經典,華嚴宗的人非常推崇這部經,而今日的禪宗行者也對它非常尊敬。

大乘佛教的印度如來藏系,有很多代表性的著作,如《寶性論》、《如來藏經》和《勝鬘經》,這些經論都對如來藏系的思想有很清晰的闡述。但是,中國大乘的佛教徒卻很少引用這些經論,反而對《圓覺經》、《楞嚴經》和《大乘起信論》情有獨鍾。所以,想要了解中國佛教的特色,就必須研讀這三部經論。

根據現存的資料,從梵文譯成中文的《圓覺經》,有兩種版本:第一種版本由一位名叫羅睺曇犍的神祕人物於西元六四七年完成,我們只知道羅

睒曇犍是印度人,卻無法將這個名字與任何已知的印度譯師做連結;第二種版本由印度人佛陀多羅於西元六九三年完成,這是大家通用的譯本。

佛陀多羅的《圓覺經》譯本只有一卷,疏鈔卻有很多種,最有名的是華嚴宗和禪宗的祖師宗密大師(七八〇~八四一)所寫的《圓覺經大疏鈔》,共有二十六卷;而在此之前已有其他四部疏鈔存在了。現在大概有幾十種疏鈔和註解可供參考。然而,直到今日,舉凡為《圓覺經》作註的人,多只參考宗密大師的疏鈔,置其他著述不問。

宗密大師也根據《圓覺經》第十一章裡,佛陀指導大眾在一百二十天、一百天和八十天的期限中,精進修行的法門,編寫了一本儀軌手冊,名為《圓覺經道場修證儀》。

為什麼《圓覺經》在中國佛教中有如此重要的地位呢?其中一個原因是宗密大師對佛教有不容忽視的影響,他同時被尊為大論師和大修行人,因此,他對《圓覺經》的重視,對其身後世世代代的中國佛教徒,影響深遠。宗密大師不僅是華嚴宗的第五代祖師,也是南宗禪荷澤宗的一位祖師。荷澤宗上溯禪宗六祖惠能大師(六三八~七一三)的弟子神會大師(六八四~七五八),從惠能到宗密的傳承如下所示:惠能—神會—智如—惟忠—道圓—

宗密。

　　唐朝宰相裴休為《圓覺經》寫序時，曾提到宗密大師與這部經的淵源，序文中提到宗密大師在參加一場《圓覺經》法會誦經時，深受感動而淚流滿面，有所悟入。當他把這個經驗告訴他的師父時，他的師父即囑咐他致力修學此經。從那時開始，宗密大師就承擔起闡釋和弘揚《圓覺經》的責任，直到圓寂。

　　自宗密大師以後，華嚴宗被承襲惠能大師法脈的禪宗所吸納。其實，到了宋朝，禪宗的所有支派，所謂的五家七宗，幾乎全都是惠能大師南宗禪的分支。由於宗密大師與南宗禪的淵源，禪宗也就受到了《圓覺經》的影響。

　　但長久以來，《圓覺經》的真實性一直受到質疑：在唐朝編纂經典時，人們對《圓覺經》的譯者和翻譯的時間皆持有保留的態度。就連它的經名也很獨特：在中文的經名裡，「經」這個字實際上出現了兩次，一次是「修多羅」[1]，另一次是「經」，中文的全名是《大方廣圓覺修多羅了義經》，當代學者仍無法對此找到滿意的解答。而《楞嚴經》和《大乘起信論》也受到類似的質疑，但這三部經論

---

[1] 梵文 sūtra 的英譯，意譯為「經」。

對中國佛教的確有深遠的影響。

　　幾世紀以來，雖然學者們對《圓覺經》有所懷疑，但至少對於中國佛教徒來說，沒有人質疑其教義深遠的重要性，整部經充滿優美的文句和實用的修行指導。根據宗密大師的說法，《圓覺經》同時包含了大乘的頓、漸法門，也同時包含了初始和究竟了義的佛法，因此，任何根器的人都能從中獲得利益。

　　在整部《圓覺經》中，常提到修行人依此經修行所能證得的圓滿覺悟（圓覺）：在第一章裡，佛陀提到圓覺能產生清淨真如、菩提、涅槃和波羅蜜多，同時亦提到一切佛皆因修學圓覺法門而成佛；在第七、八章裡，佛陀講了三個修行方法：奢摩他、三摩缽提和禪那，禪宗行者通常把這三個方法當成是漸悟的法門，但是在《圓覺經》的範疇內，它們是頓悟法門。《圓覺經》裡用了很多譬喻（至少二十三個）和淺顯的語言來表達深奧的觀念，豐富的表達力是它備受尊敬的另一個原因。

　　這部《圓覺經》的註解，是集合我在美國紐約的禪中心（Chan Meditation Center），針對一般大眾的一系列演講而成，總共花了六年的時間講完。如果我能定期地演講，也許能早點講完，只可惜我必須常常離開美國回到臺灣，或是到世界各地去演

講，所以無法一氣呵成。

我選擇講這部經的理由很簡單，因為《圓覺經》、《楞嚴經》和《大乘起信論》，對中國佛教和禪宗有很大的意義。在講這部經以前，我已經講了《大乘起信論》，而在講完這部經後，我接著講了《楞嚴經》。

我不聲稱《圓覺經》包含了佛陀最高層次的教導，而只是引用經文中提到的修行觀念和方法來指導禪修的人，希望能藉此讓他們將佛法運用到日常生活中。

這本書和我以前出版的英文書，風格上有所不同；以前出版的書，若不是禪七的開示，就是為認真修行的禪眾所開的特別課程，所以大部分是強調修行的觀念和方法，以及指導大家如何培養禪者的態度。《圓覺經》的課程也包含這些課題，但著重的是禪的生活觀、《圓覺經》在日常生活中的運用，以及我們從經文中所能獲得的利益。

我的註解完全基於自己對佛法的修學和體驗，所以比那些只遵照祖師大德的註解所做的講解，有更大的發揮空間。我不把自己局限在傳統中國佛教註解的慣有模式中：有時候我只大略討論一下經文的重點，有時候則用很長的時間來解釋一句經文。

還有，我決定不解釋辯音菩薩這一章，因為它

主要講的是奢摩他、三摩缽提和禪那這三種修行方法的不同組合，要講這一章，就要嚴密地解釋這些修行方法，這對一般大眾不太適合。同時，把這些修行方法寫在書裡會有一定的危險，有一些讀者可能會在沒有老師的指導下，錯用這些方法而產生負面的效果。

如果讀者對《圓覺經》想要有更多的了解，我建議大家研讀此經及宗密大師《圓覺經大疏鈔》。據我所知，《圓覺經》的英譯，除了此書，就只有陸寬昱居士的譯本。另外，有興趣的人，還可以參考彼得・格雷戈里（Peter Gregory）教授的《宗密與佛教的漢化》（*Tsung-mi and the Sinification of Buddhism*），這本書較完整地解釋了宗密大師與《圓覺經》的關係。

為了讓週日來禪中心聽我演講的西方眾能有所依據，我在講經時用了陸寬昱居士的英文譯本，他的翻譯對西方眾的確很有用，這點我非常感謝他。至於本書，本來要採用我請李佩光（Pei-gwang Dowiat）所譯的版本，當初她欣然地接受了我的囑咐，我非常感謝她的努力。一九九五年，當我把整個稿子交給我的侍者果谷法師審核時，他很仔細地校看經文的中文原文和英文翻譯，覺得需要加以修改，延後出書的日期。經過一翻考量後，我請他重

新翻譯經文,並潤飾註解的部分。他花了幾個月研讀多家註解,然後用了三個月重新翻譯經文。他所依據的主要是宗密大師和天台宗諦閑大師的註解,同時也參考我早期對臺灣出家眾講解《圓覺經》的錄音帶,這部分雖短,但是比較深入、簡潔,果谷法師依據這份材料補充了本書的註解,使其更為完整。

　　翻譯古文,尤其是中國古文,是一項非常艱鉅的工作,因為中國古文有很多同字異義的變化和言外之義。而我在演講當時,常常發現舊有的英文翻譯,不是意嫌不足,就是與我的講解有矛盾之處,所以,這本書的經文翻譯部分,的確費了一番工夫。這也是因為我覺得應該給西方人一個能保持原文的意境,卻又不失本意的英文譯本。

　　因為我用中文演講,我說的話大都由王明怡居士現場翻譯成英文,偶爾由保羅‧甘迺迪(Paul Kennedy)和李佩光上陣;有很多人發心參與從錄音帶謄錄演講內容的工作,謄錄完畢後,Chris Marano用了兩年的時間把這些草稿整理編輯成書,再由王明怡仔細檢查,並做適當的修正(明怡的記性出奇的好,他通常能記得我數年前講過的話),然後由果谷法師做最後的編審,與副編們一起詳審、潤飾、定稿。

最後，我要感謝李志青設計封面，Trish Ing 設計內頁，並協助此書的製作，同時我也感謝所有發心參與、讓這本書能夠順利誕生及出版的人。

　　願一切眾生遠離痛苦，共成圓覺！

聖嚴

美國紐約禪中心

一九九六年夏

目次

一行禪師序　一行禪師 …… 003

自序　聖嚴法師 …… 007

《圓覺經》 …… 017

前言 …… 047

第一章	文殊師利菩薩 …… 055
第二章	普賢菩薩 …… 081
第三章	普眼菩薩 …… 095
第四章	金剛藏菩薩 …… 161
第五章	彌勒菩薩 …… 189
第六章	清淨慧菩薩 …… 221
第七章	威德自在菩薩 …… 241
第八章	淨諸業障菩薩 …… 257
第九章	普覺菩薩 …… 281
第十章	圓覺菩薩 …… 303
第十一章	賢善首菩薩 …… 317

《圓覺經》

如是我聞：一時婆伽婆入於神通大光明藏，三昧正受，一切如來光嚴住持，是諸眾生清淨覺地。身心寂滅，平等本際，圓滿十方，不二隨順，於不二境，現諸淨土。與大菩薩摩訶薩十萬人俱，其名曰文殊師利菩薩、普賢菩薩、普眼菩薩、金剛藏菩薩、彌勒菩薩、清淨慧菩薩、威德自在菩薩、辯音菩薩、淨諸業障菩薩、普覺菩薩、圓覺菩薩、賢善首菩薩等而為上首，與諸眷屬皆入三昧，同住如來平等法會。於是，文殊師利菩薩在大眾中，即從座起，頂禮佛足，右繞三匝，長跪叉手而白佛言：「大悲世尊！願為此會諸來法眾，說於如來本起清淨，因地法行，及說菩薩於大乘中發清淨心，遠離諸病。能使未來末世眾生求大乘者，不墮邪見。」作是語已，五體投地，如是三請，終而復始。爾

時,世尊告文殊師利菩薩言:「善哉!善哉!善男子!汝等乃能為諸菩薩,諮詢如來因地法行,及為末世一切眾生求大乘者,得正住持,不墮邪見。汝今諦聽,當為汝說。」時文殊師利菩薩奉教歡喜,及諸大眾默然而聽。「善男子!無上法王有大陀羅尼門,名為圓覺,流出一切清淨真如、菩提、涅槃及波羅蜜,教授菩薩。一切如來本起因地,皆依圓照清淨覺相,永斷無明,方成佛道。云何無明?善男子!一切眾生從無始來,種種顛倒,猶如迷人四方易處,妄認四大為自身相,六塵緣影為自心相。譬彼病目,見空中花及第二月。善男子!空實無花,病者妄執。由妄執故,非唯惑此虛空自性,亦復迷彼實花生處。由此妄有,輪轉生死,故名無明。善男子!此無明者,非實有體。如夢中人,夢時非無,及至於醒,了無所得。如眾空花滅於虛空,不可說言有定滅處。何以故?無生處故。一切眾生於無生中,妄見生滅,是故說名輪轉生死。善男子!如來因地修圓覺者,知是空花,即無輪轉,亦無身心受彼生死。非作故無,本性無故。彼知覺者,猶如虛空,知虛空者,即空花相,亦不可說無知覺性。有、無俱遣,是則名為淨覺隨順。何以故?虛空性故,常不動故,如來藏中無起滅故,無知見故。如法界性,究竟圓滿遍十方故,是則名為

因地法行。菩薩因此於大乘中,發清淨心,末世眾生依此修行,不墮邪見。」爾時,世尊欲重宣此義,而說偈言:

　　文殊汝當知　一切諸如來
　　從於本因地　皆以智慧覺
　　了達於無明　知彼如空花
　　即能免流轉　又如夢中人
　　醒時不可得　覺者如虛空
　　平等不動轉　覺遍十方界
　　即得成佛道　眾幻滅無處
　　成道亦無得　本性圓滿故
　　菩薩於此中　能發菩提心
　　末世諸眾生　修此免邪見

於是,普賢菩薩在大眾中,即從座起,頂禮佛足,右繞三匝,長跪叉手而白佛言:「大悲世尊!願為此會諸菩薩眾,及為末世一切眾生修大乘者,聞此圓覺清淨境界,云何修行?世尊!若彼眾生知如幻者,身心亦幻,云何以幻還修於幻?若諸幻性一切盡滅,則無有心,誰為修行?云何復說修行如幻?若諸眾生本不修行,於生死中常居幻化,曾不了知如幻境界,令妄想心云何解脫?願為末世一

切眾生,作何方便,漸次修習,令諸眾生永離諸幻。」作是語已,五體投地,如是三請,終而復始。爾時,世尊告普賢菩薩言:「善哉!善哉!善男子!汝等乃能為諸菩薩及末世眾生,修習菩薩如幻三昧,方便漸次,令諸眾生得離諸幻。汝今諦聽!當為汝說。」時普賢菩薩奉教歡喜,及諸大眾默然而聽。「善男子!一切眾生種種幻化,皆生如來圓覺妙心。猶如空花,從空而有,幻花雖滅,空性不壞。眾生幻心,還依幻滅,諸幻盡滅,覺心不動。依幻說覺,亦名為幻;若說有覺,猶未離幻;說無覺者,亦復如是,是故幻滅名為不動。善男子!一切菩薩及末世眾生,應當遠離一切幻化虛妄境界。由堅執持遠離心故,心如幻者,亦復遠離;遠離為幻,亦復遠離;離遠離幻,亦復遠離;得無所離,即除諸幻。譬如鑽火,兩木相因,火出木盡,灰飛煙滅,以幻修幻,亦復如是!諸幻雖盡,不入斷滅。善男子!知幻即離,不作方便。離幻即覺,亦無漸次。一切菩薩及末世眾生依此修行,如是乃能永離諸幻。」爾時,世尊欲重宣此義,而說偈言:

　　普賢汝當知　一切諸眾生
　　無始幻無明　皆從諸如來

圓覺心建立　猶如虛空花
依空而有相　空花若復滅
虛空本不動　幻從諸覺生
幻滅覺圓滿　覺心不動故
若彼諸菩薩　及末世眾生
常應遠離幻　諸幻悉皆離
如木中生火　木盡火還滅
覺則無漸次　方便亦如是

　　於是，普眼菩薩在大眾中，即從座起，頂禮佛足，右繞三匝，長跪叉手而白佛言：「大悲世尊！願為此會諸菩薩眾，及為末世一切眾生，演說菩薩修行漸次。云何思惟？云何住持？眾生未悟，作何方便普令開悟？世尊！若彼眾生無正方便及正思惟，聞佛如來說此三昧，心生迷悶，即於圓覺不能悟入。願興慈悲，為我等輩及末世眾生，假說方便。」作是語已，五體投地，如是三請，終而復始。爾時，世尊告普眼菩薩言：「善哉！善哉！善男子！汝等乃能為諸菩薩及末世眾生，問於如來修行漸次、思惟、住持，乃至假說種種方便。汝今諦聽，當為汝說。」時普眼菩薩奉教歡喜，及諸大眾默然而聽。「善男子！彼新學菩薩及末世眾生，欲求如來淨圓覺心，應當正念，遠離諸幻。先依如來

奢摩他行，堅持禁戒，安處徒眾，宴坐靜室，恆作是念：『我今此身四大和合，所謂髮、毛、爪、齒、皮、肉、筋、骨、髓、腦、垢、色皆歸於地，唾、涕、膿、血、津、液、涎、沫、痰、淚、精、氣、大小便利皆歸於水，暖氣歸火，動轉歸風。四大各離，今者妄身當在何處？』即知此身畢竟無體，和合為相，實同幻化。四緣假合，妄有六根。六根、四大中外合成，妄有緣氣於中積聚，似有緣相，假名為心。善男子！此虛妄心，若無六塵，則不能有。四大分解，無塵可得，於中緣塵各歸散滅，畢竟無有緣心可見。善男子！彼之眾生，幻身滅故，幻心亦滅。幻心滅故，幻塵亦滅。幻塵滅故，幻滅亦滅。幻滅滅故，非幻不滅。譬如磨鏡，垢盡明現。善男子！當知身心皆為幻垢，垢相永滅，十方清淨。善男子！譬如清淨摩尼寶珠映於五色，隨方各現。諸愚癡者，見彼摩尼實有五色。善男子！圓覺淨性現於身心，隨類各應，彼愚癡者，說淨圓覺實有，如是身心，自相亦復如是！由此不能遠於幻化。是故我說身心幻垢，對離幻垢說名，菩薩垢盡對除，即無對垢及說名者。善男子！此菩薩及末世眾生，證得諸幻滅影像故，爾時便得無方清淨。無邊虛空，覺所顯發。覺圓明故，顯心清淨；心清淨故，見塵清淨；見清淨故，眼根清淨；

根清淨故,眼識清淨;識清淨故,聞塵清淨;聞清淨故,耳根清淨;根清淨故,耳識清淨;識清淨故,覺塵清淨。如是,乃至鼻、舌、身、意,亦復如是。善男子!根清淨故,色塵清淨;色清淨故,聲塵清淨。香、味、觸、法,亦復如是。善男子!六塵清淨故,地大清淨;地清淨故,水大清淨。火大、風大,亦復如是!善男子!四大清淨故,十二處、十八界、二十五有清淨。彼清淨故,十力、四無所畏、四無礙智、佛十八不共法、三十七助道品清淨。如是乃至八萬四千陀羅尼門,一切清淨。善男子!一切實相性清淨故,一身清淨;一身清淨故,多身清淨;多身清淨故,如是乃至十方眾生圓覺清淨。善男子!一世界清淨故,多世界清淨。多世界清淨故,如是乃至盡於虛空,圓裹三世,一切平等,清淨不動。善男子!虛空如是平等不動,當知覺性平等不動。四大不動故,當知覺性平等不動。如是乃至八萬四千陀羅尼門平等不動,當知覺性平等不動。善男子!覺性遍滿,清淨不動,圓無際故,當知六根遍滿法界。根遍滿故,當知六塵遍滿法界。塵遍滿故,當知四大遍滿法界。如是乃至陀羅尼門遍滿法界。善男子!由彼妙覺性遍滿故,根性、塵性無壞無雜。根、塵無壞故,如是乃至陀羅尼門無壞無雜。如百千燈光照一室,其光遍滿,

無壞無雜。善男子！覺成就故，當知菩薩不與法縛，不求法脫；不厭生死，不愛涅槃；不敬持戒，不憎毀禁；不重久習，不輕初學。何以故？一切覺故。譬如眼光，曉了前境，其光圓滿，得無憎愛。何以故？光體無二，無憎愛故。善男子！此菩薩及末世眾生，修習此心得成就者，於此無修，亦無成就，圓覺普照，寂滅無二。於中百千萬億不可說阿僧祇恆河沙諸佛世界，猶如空花，亂起亂滅，不即不離，無縛無脫。始知眾生本來成佛，生死涅槃猶如昨夢。善男子！如昨夢故，當知生死及與涅槃，無起無滅，無來無去。其所證者，無得無失，無取無捨。其能證者，無作無止，無任無滅。於此證中，無能無所，畢竟無證，亦無證者，一切法性，平等不壞。善男子！彼諸菩薩如是修行，如是漸次，如是思惟，如是住持，如是方便，如是開悟，求如是法，亦不迷悶。」爾時，世尊欲重宣此義，而說偈言：

普眼汝當知　一切諸眾生
身心皆如幻　身相屬四大
心性歸六塵　四大體各離
誰為和合者　如是漸修行
一切悉清淨　不動遍法界

無作止任滅　亦無能證者
一切佛世界　猶如虛空花
三世悉平等　畢竟無來去
初發心菩薩　及末世眾生
欲求入佛道　應如是修習

　　於是，金剛藏菩薩在大眾中即從座起，頂禮佛足，右繞三匝，長跪叉手而白佛言：「大悲世尊！善為一切諸菩薩眾，宣揚如來圓覺清淨大陀羅尼因地法行、漸次、方便，與諸眾生開發蒙昧。在會法眾承佛慈誨，幻翳朗然，慧目清淨。世尊！若諸眾生本來成佛，何故復有一切無明？若諸無明眾生本有，何因緣故，如來復說本來成佛？十方異生本成佛道，後起無明，一切如來何時復生一切煩惱？唯願不捨無遮大慈，為諸菩薩開祕密藏，及為末世一切眾生，得聞如是修多羅教了義法門，永斷疑悔。」作是語已，五體投地，如是三請，終而復始。爾時，世尊告金剛藏菩薩言：「善哉！善哉！善男子！汝等乃能為諸菩薩及末世眾生，問於如來甚深祕密究竟方便，是諸菩薩最上教誨了義大乘。能使十方修學菩薩及諸末世一切眾生，得決定信，永斷疑悔。汝今諦聽！當為汝說。」時金剛藏菩薩奉教歡喜，及諸大眾默然而聽。「善男子！一切世

界始終生滅、前後有無、聚散起止、念念相續、循環往復、種種取捨，皆是輪迴。未出輪迴而辨圓覺，彼圓覺性即同流轉，若免輪迴，無有是處。譬如動目，能搖湛水；又如定眼，猶迴轉火；雲駛月運，舟行岸移亦復如是！善男子！諸旋未息，彼物先住尚不可得，何況輪轉生死垢心曾未清淨，觀佛圓覺而不旋復？是故汝等便生三惑。善男子！譬如幻翳，妄見空花，幻翳若除，不可說言：『此翳已滅，何時更起一切諸翳？』何以故？翳、花二法非相待故。亦如空花滅於空時，不可說言：『虛空何時更起空花？』何以故？空本無花，非起滅故。生死、涅槃同於起滅，妙覺圓照，離於花翳。善男子！當知虛空非是暫有，亦非暫無，況復如來圓覺隨順，而為虛空平等本性？善男子！如銷金鑛，金非銷有，既已成金，不重為鑛，經無窮時，金性不壞，不應說言：本非成就。如來圓覺亦復如是。善男子！一切如來妙圓覺心，本無菩提及與涅槃，亦無成佛及不成佛，無妄輪迴及非輪迴。善男子！但諸聲聞所圓境界，身、心、語言皆悉斷滅，終不能至彼之親證所現涅槃，何況能以有思惟心，測度如來圓覺境界？如取螢光燒須彌山，終不能著。以輪迴心生輪迴見，入於如來大寂滅海，終不能至。是故我說：一切菩薩及末世眾生，先斷無始輪迴根

本。善男子！有作思惟從有心起，皆是六塵妄想緣氣，非實心體，已如空花。用此思惟辨於佛境，猶如空花復結空果，展轉妄想，無有是處。善男子！虛妄浮心多諸巧見，不能成就圓覺方便，如是分別，非為正問。」爾時，世尊欲重宣此義，而說偈言：

金剛藏當知　如來寂滅性
未曾有終始　若以輪迴心
思惟即旋復　但至輪迴際
不能入佛海　譬如銷金鑛
金非銷故有　雖復本來金
終以銷成就　一成真金體
不復重為鑛　生死與涅槃
凡夫及諸佛　同為空花相
思惟猶幻化　何況詰虛妄
若能了此心　然後求圓覺

於是，彌勒菩薩在大眾中，即從座起，頂禮佛足，右繞三匝，長跪叉手而白佛言：「大悲世尊！廣為菩薩開祕密藏，令諸大眾深悟輪迴，分別邪正。能施末世一切眾生無畏道眼，於大涅槃生決定信，無復重隨輪轉境界，起循環見。世尊！若諸菩

薩及末世眾生,欲遊如來大寂滅海,云何當斷輪迴根本?於諸輪迴有幾種性?修佛菩提幾等差別?迴入塵勞,當設幾種教化方便度諸眾生?唯願不捨救世大悲!令諸修行一切菩薩及末世眾生,慧目肅清,照曜心鏡,圓悟如來無上知見。」作是語已,五體投地,如是三請,終而復始。爾時,世尊告彌勒菩薩言:「善哉!善哉!善男子!汝等乃能為諸菩薩及末世眾生,請問如來深奧祕密微妙之義。令諸菩薩潔清慧目,及令一切末世眾生永斷輪迴,心悟實相,具無生忍。汝今諦聽!當為汝說。」時彌勒菩薩奉教歡喜,及諸大眾默然而聽。「善男子!一切眾生從無始際,由有種種恩愛、貪欲,故有輪迴。若諸世界一切種性:卵生、胎生、濕生、化生,皆因婬欲而正性命。當知輪迴,愛為根本,由有諸欲助發愛性,是故能令生死相續。欲因愛生,命因欲有,眾生愛命,還依欲本,愛欲為因,愛命為果。由於欲境,起諸違、順,境背愛心而生憎嫉,造種種業,是故復生地獄、餓鬼。知欲可厭,愛厭業道,捨惡樂善,復現天人。又知諸愛可厭惡故,棄愛樂捨,還滋愛本,便現有為增上善果。皆輪迴故,不成聖道。是故,眾生欲脫生死,免諸輪迴,先斷貪欲及除愛渴。善男子!菩薩變化示現世間,非愛為本,但以慈悲令彼捨愛,假諸貪欲而入

生死。若諸末世一切眾生,能捨諸欲及除憎愛,永斷輪迴,勤求如來圓覺境界,於清淨心便得開悟。善男子!一切眾生由本貪欲,發揮無明,顯出五性差別不等,依二種障而現深淺。云何二障?一者理障,礙正知見。二者事障,續諸生死。云何五性?善男子!若此二障未得斷滅,名未成佛。若諸眾生永捨貪欲,先除事障,未斷理障,但能悟入聲聞、緣覺,未能顯住菩薩境界。善男子!若諸末世一切眾生,欲泛如來大圓覺海,先當發願勤斷二障。二障已伏,即能悟入菩薩境界。若事、理障已永斷滅,即入如來微妙圓覺,滿足菩提及大涅槃。善男子!一切眾生皆證圓覺,逢善知識,依彼所作因地法行,爾時修習便有頓、漸。若遇如來無上菩提正修行路,根無大小,皆成佛果。若諸眾生雖求善友,遇邪見者,未得正悟,是則名為外道種性。邪師過謬,非眾生咎。是名眾生五性差別。善男子!菩薩唯以大悲方便入諸世間,開發未悟。乃至示現種種形相,逆、順境界,與其同事,化令成佛、皆依無始清淨願力。若諸末世一切眾生,於大圓覺起增上心,當發菩薩清淨大願,應作是言:『願我今者住佛圓覺,求善知識,莫值外道及與二乘。』依願修行,漸斷諸障,障盡願滿,便登解脫清淨法殿,證大圓覺妙莊嚴域。」爾時,世尊欲重宣此

義,而說偈言:

彌勒汝當知　一切諸眾生
不得大解脫　皆由貪欲故
墮落於生死　若能斷憎愛
及與貪瞋癡　不因差別性
皆得成佛道　二障永銷滅
求師得正悟　隨順菩薩願
依止大涅槃　十方諸菩薩
皆以大悲願　示現入生死
現在修行者　及末世眾生
勤斷諸愛見　便歸大圓覺

於是,清淨慧菩薩在大眾中,即從座起,頂禮佛足,右繞三匝,長跪叉手而白佛言:「大悲世尊!為我等輩廣說如是不思議事,本所不見,本所不聞。我等今者蒙佛善誘,身心泰然,得大饒益。願為一切諸來法眾,重宣法王圓滿覺性。一切眾生及諸菩薩,如來世尊所證、所得,云何差別?令末世眾生聞此聖教,隨順開悟,漸次能入。」作是語已,五體投地,如是三請,終而復始。爾時,世尊告清淨慧菩薩言:「善哉!善哉!善男子!汝等乃能為諸菩薩及末世眾生,請問如來漸次差別。汝今

諦聽！當為汝說。」時清淨慧菩薩奉教歡喜，及諸大眾默然而聽。「善男子！圓覺自性非性性有，循諸性起，無取無證，於實相中實無菩薩及諸眾生。何以故？菩薩、眾生皆是幻化，幻化滅故，無取證者。譬如眼根不自見眼，性自平等，無平等者，眾生迷倒，未能滅除一切幻化，於滅、未滅妄功用中，便顯差別。若得如來寂滅隨順，實無寂滅及寂滅者。善男子！一切眾生從無始來，由妄想我及愛我者，曾不自知念念生滅，故起憎、愛，耽著五欲。若遇善友，教令開悟淨圓覺性，發明起滅，即知此生性自勞慮。若復有人勞慮永斷，得法界淨，即彼淨解為自障礙，故於圓覺而不自在，此名凡夫隨順覺性。善男子！一切菩薩見解為礙，雖斷解礙，猶住見覺。覺礙為礙，而不自在，此名菩薩未入地者隨順覺性。善男子！有照有覺，俱名障礙。是故菩薩常覺不住，照與照者，同時寂滅。譬如有人自斷其首，首已斷故，無能斷者。則以礙心自滅諸礙，礙已斷滅，無滅礙者。修多羅教如標月指，若復見月，了知所標畢竟非月。一切如來種種言說開示菩薩，亦復如是。此名菩薩已入地者隨順覺性。善男子！一切障礙即究竟覺，得念、失念無非解脫，成法、破法皆名涅槃，智慧、愚癡通為般若，菩薩、外道所成就法同是菩提，無明、真如無

異境界,諸戒、定、慧及婬、怒、癡俱是梵行,眾生、國土同一法性,地獄、天宮皆為淨土,有性、無性齊成佛道,一切煩惱畢竟解脫,法界海慧照了諸相,猶如虛空,此名如來隨順覺性。善男子！但諸菩薩及末世眾生,居一切時不起妄念,於諸妄心亦不息滅,住妄想境不加了知,於無了知不辨真實。彼諸眾生聞是法門,信解受持,不生驚畏,是則名為隨順覺性。善男子！汝等當知如是眾生,已曾供養百千萬億恆河沙諸佛及大菩薩,植眾德本。佛說是人,名為成就一切種智。」爾時,世尊欲重宣此義,而說偈言:

　　清淨慧當知　　圓滿菩提性
　　無取亦無證　　無菩薩眾生
　　覺與未覺時　　漸次有差別
　　眾生為解礙　　菩薩未離覺
　　入地永寂滅　　不住一切相
　　大覺悉圓滿　　名為遍隨順
　　末世諸眾生　　心不生虛妄
　　佛說如是人　　現世即菩薩
　　供養恆沙佛　　功德已圓滿
　　雖有多方便　　皆名隨順智

於是，威德自在菩薩在大眾中，即從座起，頂禮佛足，右繞三匝，長跪叉手而白佛言：「大悲世尊！廣為我等分別如是隨順覺性，令諸菩薩覺心光明，承佛圓音，不因修習而得善利。世尊！譬如大城外有四門，隨方來者，非止一路。一切菩薩莊嚴佛國及成菩提，非一方便。唯願世尊廣為我等，宣說一切方便、漸次，并修行人總有幾種？令此會菩薩及末世眾生求大乘者，速得開悟，遊戲如來大寂滅海。」作是語已，五體投地，如是三請，終而復始。爾時，世尊告威德自在菩薩言：「善哉！善哉！善男子！汝等乃能為諸菩薩及末世眾生，問於如來如是方便。汝今諦聽，當為汝說。」時威德自在菩薩奉教歡喜，及諸大眾默然而聽。「善男子！無上妙覺遍諸十方，出生如來與一切法同體平等，於諸修行實無有二。方便隨順，其數無量，圓攝所歸，循性差別，當有三種。善男子！若諸菩薩悟淨圓覺，以淨覺心取靜為行，由澄諸念，覺識煩動，靜慧發生，身心客塵從此永滅，便能內發寂靜輕安。由寂靜故，十方世界諸如來心於中顯現，如鏡中像。此方便者，名奢摩他。善男子！若諸菩薩悟淨圓覺，以淨覺心知覺心性及與根、塵，皆因幻化，即起諸幻，以除幻者，變化諸幻而開幻眾。由起幻故，便能內發大悲輕安，一切菩薩從此起行，

漸次增進。彼觀幻者非同幻故,非同幻觀,皆是幻故,幻相永離。是諸菩薩所圓妙行,如土長苗。此方便者,名三摩鉢提。善男子!若諸菩薩悟淨圓覺,以淨覺心不取幻化及諸靜相,了知身心皆為罣礙,無知覺明,不依諸礙,永得超過礙、無礙境,受用世界及與身心。相在塵域,如器中鍠,聲出於外,煩惱、涅槃不相留礙,便能內發寂滅輕安,妙覺隨順寂滅境界,自他身心所不能及,眾生、壽命皆為浮想。此方便者,名為禪那。善男子!此三法門皆是圓覺親近隨順,十方如來因此成佛。十方菩薩種種方便,一切同異,皆依如是三種事業,若得圓證,即成圓覺。善男子!假使有人修於聖道,教化成就百千萬億阿羅漢、辟支佛果,不如有人聞此圓覺無礙法門,一剎那頃隨順修習。」爾時,世尊欲重宣此義,而說偈言:

威德汝當知　無上大覺心
本際無二相　隨順諸方便
其數即無量　如來總開示
便有三種類　寂靜奢摩他
如鏡照諸像　如幻三摩提
如苗漸增長　禪那唯寂滅
如彼器中鍠　三種妙法門

皆是覺隨順　十方諸如來
及諸大菩薩　因此得成道
三事圓證故　名究竟涅槃＊

　　於是，淨諸業障菩薩在大眾中，即從座起，頂禮佛足，右繞三匝，長跪叉手而白佛言：「大悲世尊！為我等輩廣說如是不思議事，一切如來因地行相。令諸大眾得未曾有！覩見調御，歷恆沙劫勤苦境界，一切功用猶如一念。我等菩薩深自慶慰！世尊！若此覺心本性清淨，因何染污，使諸眾生迷悶不入？唯願如來廣為我等開悟法性，令此大眾及末世眾生，作將來眼。」作是語已，五體投地，如是三請，終而復始。爾時，世尊告淨諸業障菩薩言：「善哉！善哉！善男子！汝等乃能為諸大眾及末世眾生，諮問如來如是方便。汝今諦聽，當為汝說。」時淨諸業障菩薩奉教歡喜，及諸大眾默然而聽。「善男子！一切眾生從無始來，妄想執有我、人、眾生及與壽命，認四顛倒為實我體。由此便生憎、愛二境，於虛妄體重執虛妄。二妄相依，生妄業道。有妄業故，妄見流轉。厭流轉者，妄見涅

＊　編案：本書內容因作者略而未述〈辯音菩薩〉章，故此經文省略「辯音菩薩」段落，原因詳見〈自序〉。

槃。由此不能入清淨覺,非覺違拒諸能入者。有諸能入,非覺入故,是故動念及與息念,皆歸迷悶。何以故?由有無始本起無明為己主宰,一切眾生生無慧目,身心等性皆是無明,譬如有人不自斷命。是故當知,有愛我者,我與隨順;非隨順者,便生憎怨。為憎愛心養無明故,相續求道,皆不成就。

善男子!云何我相?謂諸眾生心所證者。善男子!譬如有人百骸調適,忽忘我身,四肢弦緩,攝養乖方,微加鍼艾,則知有我。是故證取,方現我體。善男子!其心乃至證於如來,畢竟了知清淨涅槃,皆是我相。善男子!云何人相?謂諸眾生心悟證者。善男子!悟有我者,不復認我,所悟非我,悟亦如是。悟已超過一切證者,悉為人相。善男子!其心乃至圓悟涅槃,俱是我者。心存少悟,備殫證理,皆名人相。善男子!云何眾生相?謂諸眾生,心自證悟所不及者。善男子!譬如有人作如是言:『我是眾生。』則知彼人說眾生者,非我、非彼。云何非我?我是眾生,則非是我。云何非彼?我是眾生,非彼我故。善男子!但諸眾生了證了悟,皆為我、人。而我、人相所不及者,存有所了,名眾生相。善男子!云何壽命相?謂諸眾生心照清淨,覺所了者,一切業智所不自見,猶如命根。善男子!若心照見一切覺者,皆為塵垢,覺、

所覺者，不離塵故。如湯銷冰，無別有冰，知冰銷者？存我、覺我亦復如是！善男子！末世眾生不了四相，雖經多劫勤苦修道，但名有為，終不能成一切聖果，是故名為正法末世。何以故？認一切我為涅槃故，有證、有悟名成就故。譬如有人，認賊為子，其家財寶終不成就。何以故？有我愛者，亦愛涅槃，伏我愛根為涅槃相。有憎我者，亦憎生死，不知愛者真生死故，別憎生死，名不解脫。云何當知法不解脫？善男子！彼末世眾生習菩提者，以己微證為自清淨，猶未能盡我相根本。若復有人讚歎彼法，即生歡喜，便欲濟度；若復誹謗彼所得者，便生瞋恨。則知我相堅固執持，潛伏藏識，遊戲諸根，曾不間斷。善男子！彼修道者不除我相，是故不能入清淨覺。善男子！若知我空，無毀我者。有我說法，我未斷故，眾生、壽命亦復如是！善男子！末世眾生說病為法，是故名為可憐愍者。雖勤精進，增益諸病，是故不能入清淨覺。善男子！末世眾生不了四相，以如來解及所行處為自修行，終不成就。或有眾生未得謂得，未證謂證，見勝進者心生嫉妒。由彼眾生未斷我愛，是故不能入清淨覺。善男子！末世眾生希望成道，無令求悟，唯益多聞，增長我見。但當精勤降伏煩惱，起大勇猛，未得令得，未斷令斷，貪、瞋、愛、慢、諂曲、嫉

妬,對境不生,彼我恩愛,一切寂滅。佛說是人漸次成就,求善知識不墮邪見。若於所求,別生憎愛,則不能入清淨覺海。」爾時,世尊欲重宣此義,而說偈言:

淨業汝當知　一切諸眾生
皆由執我愛　無始妄流轉
未除四種相　不得成菩提
愛憎生於心　諂曲存諸念
是故多迷悶　不能入覺城
若能歸悟剎　先去貪瞋癡
法愛不存心　漸次可成就
我身本不有　憎愛何由生
此人求善友　終不墮邪見
所求別生心　究竟非成就

於是,普覺菩薩在大眾中,即從座起,頂禮佛足,右繞三匝,長跪叉手而白佛言:「大悲世尊!快說禪病,令諸大眾得未曾有,心意蕩然,獲大安穩。世尊!末世眾生去佛漸遠,賢聖隱伏,邪法增熾。使諸眾生求何等人?依何等法?行何等行?除去何病?云何發心?令彼群盲不墮邪見。」作是語已,五體投地,如是三請,終而復始。爾時,世尊

告普覺菩薩言:「善哉!善哉!善男子!汝等乃能諮問如來如是修行,能施末世一切眾生無畏道眼,令彼眾生得成聖道。汝今諦聽,當為汝說。」時普覺菩薩奉教歡喜,及諸大眾默然而聽。「善男子!末世眾生將發大心,求善知識欲修行者,當求一切正知見人,心不住相,不著聲聞、緣覺境界;雖現塵勞,心恆清淨,示有諸過,讚歎梵行,不令眾生入不律儀。求如是人,即得成就阿耨多羅三藐三菩提。末世眾生見如是人,應當供養,不惜身命。彼善知識,四威儀中,常現清淨,乃至示現種種過患,心無憍慢,況復摶財、妻子、眷屬。若善男子於彼善友不起惡念,即能究竟成就正覺,心花發明,照十方剎。善男子!彼善知識所證妙法,應離四病。云何四病?一者作病。若復有人作如是言:『我於本心作種種行,欲求圓覺。』彼圓覺性非作得故,說名為病。二者任病。若復有人作如是言:『我等今者不斷生死,不求涅槃。涅槃、生死無起滅念,任彼一切隨諸法性,欲求圓覺。』彼圓覺性非任有故,說名為病。三者止病。若復有人作如是言:『我今自心永息諸念,得一切性,寂然平等,欲求圓覺。』彼圓覺性非止、合故,說名為病。四者滅病。若復有人作如是言:『我今永斷一切煩惱,身心畢竟空無所有,何況根、塵虛妄境界?一

切永寂,欲求圓覺。』彼圓覺性非寂相故,說名為病。離四病者,則知清淨。作是觀者,名為正觀;若他觀者,名為邪觀。善男子!末世眾生欲修行者,應當盡命供養善友,事善知識。彼善知識欲來親近,應斷憍慢;若復遠離,應斷瞋恨。現逆、順境,猶如虛空,了知身心畢竟平等,與諸眾生同體無異。如是修行,方入圓覺。善男子!末世眾生不得成道,由有無始自他、憎愛一切種子,故未解脫。若復有人,觀彼怨家如己父母,心無有二,即除諸病。於諸法中自他、憎愛亦復如是。善男子!末世眾生欲求圓覺,應當發心作如是言:『盡於虛空一切眾生,我皆令入究竟圓覺。』於圓覺中無取覺者,除彼我、人一切諸相。如是發心,不墮邪見。」爾時,世尊欲重宣此義,而說偈言:

　　普覺汝當知　　末世諸眾生
　　欲求善知識　　應當求正見
　　心遠二乘者　　法中除四病
　　謂作止任滅　　親近無憍慢
　　遠離無瞋恨　　見種種境界
　　心當生希有　　還如佛出世
　　不犯非律儀　　戒根永清淨
　　度一切眾生　　究竟入圓覺

無彼我人相　當依正智慧
便得超邪見　證覺般涅槃

　　於是，圓覺菩薩在大眾中，即從座起，頂禮佛足，右繞三匝，長跪叉手而白佛言：「大悲世尊！為我等輩廣說淨覺種種方便，令末世眾生有大增益。世尊！我等今者已得開悟。若佛滅後，末世眾生未得悟者，云何安居，修此圓覺清淨境界？此圓覺中三種淨觀，以何為首？唯願大悲！為諸大眾及末世眾生，施大饒益。」作是語已，五體投地，如是三請，終而復始。爾時，世尊告圓覺菩薩言：「善哉！善哉！善男子！汝等乃能問於如來如是方便，以大饒益施諸眾生。汝今諦聽，當為汝說。」時圓覺菩薩奉教歡喜，及諸大眾默然而聽。「善男子！一切眾生若佛住世、若佛滅後、若法末時，有諸眾生具大乘性，信佛祕密大圓覺心，欲修行者，若在伽藍安處徒眾，有緣事故，隨分思察，如我已說。若復無有他事因緣，即建道場，當立期限。若立長期百二十日，中期百日，下期八十日，安置淨居。若佛現在，當正思惟。若佛滅後，施設形像，心存目想，生正憶念，還同如來常住之日。懸諸幡花，經三七日，稽首十方諸佛名字，求哀懺悔，遇善境界，得心輕安。過三七日，一向攝念。若經夏

首,三月安居,當為清淨菩薩止住,心離聲聞,不假徒眾。至安居日,即於佛前作如是言:『我比丘、比丘尼、優婆塞、優婆夷某甲,踞菩薩乘,修寂滅行,同入清淨實相住持,以大圓覺為我伽藍,身心安居平等性智,涅槃自性無繫屬故,今我敬請,不依聲聞,當與十方如來及大菩薩三月安居。為修菩薩無上妙覺大因緣故,不繫徒眾。』善男子!此名菩薩示現安居,過三期日,隨往無礙。善男子!若彼末世修行眾生求菩薩道,入三期者,非彼所聞一切境界,終不可取。善男子!若諸眾生修奢摩他,先取至靜,不起思念,靜極便覺。如是初靜,從於一身至一世界,覺亦如是。善男子!若覺遍滿一世界者,一世界中有一眾生起一念者,悉皆能知,百千世界亦復如是。非彼所聞一切境界,終不可取。善男子!若諸眾生修三摩鉢提,先當憶想十方如來,十方世界一切菩薩,依種種門,漸次修行,勤苦三昧,廣發大願,自熏成種。非彼所聞一切境界,終不可取。善男子!若諸眾生修於禪那,先取數門,心中了知生、住、滅念分齊頭數,如是周遍四威儀中,分別念數,無不了知。漸次增進,乃至得知百千世界一滴之雨,猶如目覩所受用物。非彼所聞一切境界,終不可取。是名三觀初首方便。若諸眾生遍修三種,勤行精進,即名如來出現

于世。若後末世鈍根眾生，心欲求道，不得成就，由昔業障，當勤懺悔，常起希望，先斷憎愛、嫉妒、諂曲，求勝上心，三種淨觀，隨學一事。此觀不得，復習彼觀，心不放捨，漸次求證。」爾時，世尊欲重宣此義，而說偈言：

圓覺汝當知　一切諸眾生
欲求無上道　先當結三期
懺悔無始業　經於三七日
然後正思惟　非彼所聞境
畢竟不可取　奢摩他至靜
三摩正憶持　禪那明數門
是名三淨觀　若能勤修習
是名佛出世　鈍根未成者
常當勤心懺　無始一切罪
諸障若消滅　佛境便現前

於是，賢善首菩薩在大眾中，即從座起，頂禮佛足，右繞三匝，長跪叉手而白佛言：「大悲世尊！廣為我等及末世眾生，開悟如是不思議事。世尊！此大乘教名字何等？云何奉持？眾生修習得何功德？云何使我護持經人，流布此教至於何地？」作是語已，五體投地，如是三請，終而復始。爾

時,世尊告賢善首菩薩言:「善哉!善哉!善男子!汝等乃能為諸菩薩及末世眾生,問於如來如是經教功德名字。汝今諦聽,當為汝說。」時賢善首菩薩奉教歡喜,及諸大眾默然而聽。「善男子!是經百千萬億恆河沙諸佛所說,三世如來之所守護,十方菩薩之所歸依,十二部經清淨眼目。是經名『大方廣圓覺陀羅尼』,亦名『修多羅了義』,亦名『祕密王三昧』,亦名『如來決定境界』,亦名『如來藏自性差別』,汝當奉持。善男子!是經唯顯如來境界,唯佛如來能盡宣說,若諸菩薩及末世眾生依此修行,漸次增進,至於佛地。善男子!是經名為頓教大乘,頓機眾生從此開悟,亦攝漸修一切群品。譬如大海不讓小流,乃至蚊虻及阿修羅飲其水者,皆得充滿。善男子!假使有人純以七寶,積滿三千大千世界以用布施,不如有人聞此經名及一句義。善男子!假使有人教百千恆河沙眾生,得阿羅漢果,不如有人宣說此經分別半偈。善男子!若復有人聞此經名,信心不惑,當知是人非於一佛、二佛種諸福慧,如是乃至盡恆河沙一切佛所,種諸善根,聞此經教。汝善男子當護末世是修行者,無令惡魔及諸外道惱其身心,令生退屈。」爾時,世尊欲重宣此義,而說偈言:

賢善首當知	是經諸佛說
如來等護持	十二部眼目
名為大方廣	圓覺陀羅尼
顯如來境界	依此修行者
增進至佛地	如海納百川
飲者皆充滿	假使施七寶
積滿三千界	不如聞此經
若化河沙眾	皆得阿羅漢
不如聞半偈	汝等於來世
護是宣持者	無令生退屈＊

爾時，會中有火首金剛、摧碎金剛、尼藍婆金剛等八萬金剛，并其眷屬，即從座起，頂禮佛足，右繞三匝而白佛言：「世尊！若後末世一切眾生，有能持此決定大乘，我當守護，如護眼目。乃至道場所修行處，我等金剛自領徒眾，晨夕守護，令不退轉。其家乃至永無災障，疫病銷滅，財寶豐足，常不乏少。」爾時，大梵天王二十八天王、并須彌山王、護國天王等即從座起，頂禮佛足，右繞三匝而白佛言：「世尊！我亦守護是持經者，常令

＊ 編案：底線標示文字原經文無，本文出自《圓覺經佚文》，《卍續藏經》第 150 冊，705 頁。

安穩，心不退轉。」爾時，有大力鬼王名吉槃荼，與十萬鬼王即從座起，頂禮佛足，右繞三匝而白佛言：「世尊！我亦守護是持經人，朝夕侍衛，令不退屈。其人所居一由旬內，若有鬼神侵其境界，我當使其碎如微塵。」佛說此經已，一切菩薩、天、龍、鬼神、八部眷屬，及諸天王、梵王等一切大眾，聞佛所說，皆大歡喜，信受奉行。

前言

如是我聞：一時婆伽婆入於神通大光明藏，三昧正受，一切如來光嚴住持，是諸眾生清淨覺地。身心寂滅，平等本際，圓滿十方，不二隨順，於不二境，現諸淨土。與大菩薩摩訶薩十萬人俱，其名曰文殊師利菩薩、普賢菩薩、普眼菩薩、金剛藏菩薩、彌勒菩薩、清淨慧菩薩、威德自在菩薩、辯音菩薩、淨諸業障菩薩、普覺菩薩、圓覺菩薩、賢善首菩薩等而為上首，與諸眷屬皆入三昧，同住如來平等法會。

這段經文介紹了《圓覺經》的主要內容。佛說的經典都依照同一模式，大略可分成三部分：序

分（序言）、正宗分（經文的主要內容）及流通分（解釋如何護持和流傳經典的教義）。

序分通常包含六個項目：記錄的人、說法的時間、說法的地點、說法的人（通常是佛陀本人）、說法者的心境或覺照的層次、聽眾。

所有佛陀正式說法的經，都以「如是我聞」起首，表明經文確實是釋迦牟尼佛親口所說的。「我」指的是阿難，他是佛的堂弟及親近的弟子。佛入涅槃後，他的阿羅漢弟子們將佛所說的法記錄和保存下來；因為阿難能詳細地記得佛所有正式說法的內容，把它們背誦出來，佛法才得以倖存。

阿難接著標示佛說法的時間。標示時間的方式有兩種，一種是所在地的特定時間，例如，美國東部標準時間或格林威治標準時間；另一種是宇宙時間或所有世界通用的標準時間。佛是不被時間和空間所限制的，他普遍存在於整個宇宙之中。阿難無法給予一個特定的時間或日期，所以只好用「曾經」或「一時」來取代。

佛講經前，先進入了甚深的大光明藏三昧，這揭示了法會地點和佛在講經時的示現。因為說法的對象是入了三昧的菩薩，我們可以推斷此經是釋迦牟尼佛在實報淨土的報身所說的。報身是佛的三身之一，其他二身是法身和應化身。佛具三身，這是

大乘的觀點，報身是佛因為累世的德行，在淨土中享有的身形；法身是佛真正的本性；而應化身是佛為了完成他的誓願為眾生所示現的色身。

在「神通大光明藏三昧」中，佛的心是平靜無分別的，處於正受的狀態，沒有絲毫染汙。「入於神通大光明藏三昧」這個句子，有多重的涵義和象徵：「神通」是指佛能完全了解每個眾生的根器，從而能善巧地幫助他們遠離一切苦難；「大光明」象徵佛的智慧、德行和慈悲；「藏」的意思是「隱藏」及「庫藏」，它同時也有「無量無盡」的涵義，這裡指的是一切諸佛的本性──佛性──這個無盡的寶藏，也就是一切眾生所具的「真如」。

在自性三昧中，釋迦牟尼佛的心與一切如來的心等無差別，這種覺照不是從外所得，而是從內發掘出來的。雖然我們都有這覺悟的心，它卻被無盡的愛取和憎厭所遮蔽了。

佛陀覺心的光明不像日月的光，這清淨智慧的內在光明無限深遠，也無法形容，因為，任何的描述都會限制了它。如果我們說智慧光是美好的，就已經用了情感上的意涵染汙了它。

中文常用「嚴」來形容智慧光，但這仍無法表達它真正的意思；「嚴」有宏偉、莊重和柔和（指光線、色彩）的涵義，用來形容佛的慈悲，在這段

經文中,「嚴」指的是與智慧同時生起的慈悲。佛用智慧來觀照,用慈悲來幫助眾生。有了智慧,就沒有執著和煩惱;有了慈悲,就有幫助一切眾生的動力。

經文接著說,這個三昧實際上即是所有眾生的「清淨覺地」,諸佛所證悟、住持和示現的,正是這「清淨覺地」,而一切眾生也從未與它分離。「地」指的是前文中所提到的「藏」,它涵藏了佛的一切德性與智慧。「覺」在此指的是「本覺」(本有的覺悟);這個觀念在大乘佛教中特別被推崇,禪宗尤甚。其實,「本覺」是針對未覺來說的;它一方面指的是所有眾生成佛的潛能,另一方面指的是空性。因為未覺,所以佛提出「本覺」,但是,千萬不可認為我們都已覺悟,只是自己不知道而已,事實正好相反,無始以來,我們都一直被情執煩惱所迷惑,被毒染的心所欺瞞;只是,因為「本覺」亦即是空性,藉由修行,我們會了悟,所有的問題和煩惱其實也都是空的。

經文說,佛以及解脫的菩薩,身、心都處於寂滅的狀態。寂滅也就是涅槃:寂是因為本性寂靜不動,滅是因為心沒有任何的染汙,只有在這寂靜和清淨之中,智慧的光明與相隨的慈悲才能顯現。眾生被欲望所控制而行動,菩薩則不然,菩薩只是回

應眾生的行動，哪裡有眾生，菩薩就在哪裡示現。因此，菩薩可示現於無數的地方，然而，在菩薩的心中，並無眾生可度，亦無度眾生的我；而凡人呢，在幫助他人時，「我在行動」的自覺是非常清楚的。

菩薩的身、心在任何狀況下都是安定的。經文用「本」來形容這個遍徹的寂靜，它有「原本」、「無上」或是「實相」的涵義，指的是一切事物的真正基礎，而且，本來就在那裡了。沒有任何辭彙能完滿地形容大菩薩的智慧和慈悲，大菩薩的證悟也一樣，能完滿形容的，不會是真的證悟。

菩薩悟境的「寂靜」，充滿了整個宇宙，在這圓滿的境界中，沒有任何分別：沒有主和客，也沒有能知和所知，一切皆是佛性，有如靜止不動的湖面一樣寂靜。

眾生的意志作用促成了事物的示現，就像風在湖面上引起漣漪；眾生所經歷的一切事物都是業力的結果，由他們的意志、自我中心的貪欲和不正見所產生。然而，這些變化無數的漣漪都有相同的本性，就如陶製的花盆可以有不同的形狀，但它們的質料卻是相同的；佛也一樣，他可以在無數的世界和淨土中示現，以無量的方法幫助眾生。其實在根本上，一切皆是佛性。

經文中提到的淨土，也包括了我們現在居住的世界。佛和菩薩看這個世界是一個淨土，凡夫無法看到淨土，因為他們無法克服我執的顛倒耽溺，從而發現內在本有的三昧。至於已經跨過禪關的修行人，不會把世界看成是不淨的、悲慘的或是混亂的，對他們來說，世界是美好的。能進入這個修行層次的人，所見的一切都是美的。

　　其實，不需要進入三昧即能體驗到這樣的感覺。只要我們能暫時放下心中的不安和焦慮，放下分別心，專注凝視某樣東西，就會體驗到這個世界是個可愛的地方──一個清新、活潑的世界。反之，如果我們的心因執著與瞋厭而苦惱，那麼我們便會時時充滿擾亂和不安的念頭，沒有一件事看起來會是美好及安寧的，因為投射在我們心中的，是騷動的影像和氣氛，把我們蒙蔽和吞噬，使我們無法感受到周遭的寧靜。

　　在臺灣的一次禪七中，有一位年輕的女士，在大家出坡清理環境時，看見一位長得一點都不好看的比丘在打盹，但這位女士早些時候在禪坐時有很好的體驗，因此看到的是一個英俊的人，彷彿在她的生命中還不曾見過這麼好看的人。她深深地被這位比丘的外表所吸引，以致於想去擁抱他，最後，她還是把自己克制住了，畢竟那是位比丘。

一個小時後，因為禪修的體驗已經失效，她再看這位比丘時，所看到的又像一位普通人了。這位女士稍後問我：「我剛才為什麼覺得他那麼好看呢？」沒有三昧的力量，這種經驗是很短暫的。

經文接著描述聽佛說法的大眾。當佛進入甚深三昧時，十萬位菩薩圍繞在他身邊，經文沒有列出所有菩薩的名字，它只列出了最重要的十二位菩薩。這十二位菩薩扮演請法的角色，向佛陀請教通往圓覺的修行路上會遇到的一些問題。

所有與會的菩薩和眷屬，都藉由佛力的攝受進入佛所住的三昧境界，沉浸在佛的智慧與慈悲的光明中；佛為了給菩薩們傳法而幫助他們進入這個三昧境界。但是，這並不代表與會的菩薩和他們的眷屬與佛有同樣的悟境。雖然他們能見佛所見，卻無法像佛一樣持久地留住在這境界中，而他們的覺知也不像佛一樣地無限廣大。

我們常用太陽光來比喻悟境，雖然陽光無分別地照耀大地，每個人所見的卻不盡相同。房屋裡的人拉下窗簾，可能只看見窄窄的一道光，而在屋外的人，看到的多一些，但太陽可能被雲擋住，而且，即使在晴朗的日子裡，太陽也一定會下山；正如在地球上的我們不能時時刻刻見到太陽，菩薩們也不能完全覺知佛所覺知的一切。

經文中的每一位菩薩,都有不同的悟境,每一位都有各自的修行法門。他們的差別,都反映在各自的名字、出現的順序,以及發問的內容上,所以,經文是有適當的順序的。依出現的次序,這十二位菩薩是:文殊師利菩薩、普賢菩薩、普眼菩薩、金剛藏菩薩、彌勒菩薩、清淨慧菩薩、威德自在菩薩、辯音菩薩、淨諸業障菩薩、普覺菩薩、圓覺菩薩、賢善首菩薩。

　　每位菩薩的名字都與他們的特徵、功德和能力相應,與一般的習俗不同。多數人都以傳統、宗教,或字的聲音來取名,而一般人的名字也多與他的性格和特徵無關,然而,佛和菩薩的名字幾乎都顯示了他們的特徵和功德的本質。

第一章

文殊師利菩薩

現在我們開始討論釋迦牟尼佛的開示。《圓覺經》的第一章,以文殊師利菩薩的問題為開端:

> 於是,文殊師利菩薩在大眾中,即從座起,頂禮佛足,右繞三匝,長跪叉手而白佛言:「大悲世尊!願為此會諸來法眾,說於如來本起清淨,因地法行,及說菩薩於大乘中發清淨心,遠離諸病。能使未來末世眾生求大乘者,不墮邪見。」作是語已,五體投地,如是三請,終而復始。

佛陀的弟子在請他開示某一主題時,都遵照特定的禮儀。佛陀說法很少不問自說,菩薩們為了法會聽眾以及現在和未來眾生的利益,正式地向佛提

出問題，就像在現今社會的記者會上，知名的政治人物以正式、公開的方式回答問題一樣。但是，政治人物不可能回答每位與會記者的問題，所以只能讓資深記者提出他們認為全體聽眾都關心的問題；同樣地，菩薩代表了所有的大眾，或是更廣泛地說，代表所有的眾生來問問題。

佛經大都以菩薩提問，佛陀回答的方式來陳述，除了《心經》和《阿彌陀經》以外，在大部分的佛經裡，佛陀很少不問自答。這樣的問答，在古印度和中國，都是傳統的教學方式，例如在《論語》中，學生問問題而孔子回答。禪宗也有同樣的教學方式，由學生問，師父回應。

佛經裡所描述的禮儀是古印度專有的。文殊師利菩薩從座位中站起來，在佛足前頂禮。頭是全身中最尊貴的部位，足則是最次的。這樣的頂禮，表達了一個人對另一個人衷心的尊敬。文殊師利菩薩向右繞佛三次，這是表達景仰與敬意的另一種方式。佛的相貌與風範如此崇高和莊嚴，使其他眾生不由自主，目不轉睛地注視著他。

為什麼文殊師利菩薩右繞而不左繞呢？依照印度的傳統，右繞表示較高的禮儀和尊敬；左繞是輕視和不尊重的態度。這個習俗的起源並不清楚，但是它一直流傳至今。左方被視為一種貶損，就如中

國人將不正派的人形容為左道一樣,這禮儀同時也象徵著身、語、意的淨化。起身和禮拜表示身的淨化,向佛右繞三次表達了心的真誠和尊敬,合掌請佛說法是語的淨化。

文殊師利菩薩請佛陀為大眾解釋「如來本起清淨因地法行」。簡單地說,文殊師利菩薩問的是佛陀在成佛以前,以佛性為基礎的修行方法。在佛陀未成佛而仍有煩惱時,即自發地修學「如來因地法行」,這成為他後來證悟和成佛的基礎。

文殊師利菩薩所問的「如來因地法行」,與完滿的佛性有關,這佛性無有煩惱,亦即是智慧。修行就是為了親自發掘生命的本質——佛性,我們不斷地修行,直到這個自性——我們的智慧——顯現出來,這是極有意義、極有價值的。

我們常在經文或註解中讀到「本性」或「本有的智慧」,這可能會讓人誤解。說我們本來清淨,而煩惱後來才生起,只是一種敘述的方式;其實,從時間上說,我們不曾本來清淨,也不曾被煩惱所掩覆;這既不是一種演進的歷史過程,也不是墮落。說我們本來清淨,只是說我們皆有佛性的基礎,也都有實證佛性的稀有潛能。我們即是佛性,這是我們的真實狀態,因此,我比較喜歡用「自性」這個名詞。

文殊師利菩薩問佛，菩薩如何「於大乘中發清淨心」。「菩薩」指的是那些有能力成佛，卻為了留在世間幫助眾生而不證取無上正覺的人。釋迦牟尼佛雖然已經證得無上正覺，他仍能繼續幫助眾生、救度眾生，而當他在幫助眾生時所扮演的，可以說即是菩薩的角色。在本經文中所有提問的菩薩以及觀世音菩薩，都是大菩薩。

　　佛教對菩薩的重視，使它特別能容納和接受其他的宗教和修行方式。佛教有時會把教外的偉大宗教領袖、聖人和哲人，看成是菩薩的化身或菩薩再來。當佛教傳到日本，日本古代的神就被視為菩薩，伊斯蘭教和基督教的一些先知也被同樣的看待。在中國，像孔子和老子這樣的哲人和聖賢，通常也被認為是覺者的轉世。

　　菩薩道上的修行人如何發起清淨的大乘心？一般人和菩薩如何從煩惱中解脫呢？菩薩通常會遇到兩種主要的障礙：一種是，菩薩可能會厭惡世間，想完全與它脫離，這樣的人不是真正的菩薩，因為他並不是真正地想幫助眾生。另一種極端是，菩薩可能會因為入世而對世間產生強烈的欲望和執著，這樣的人也不是真正的菩薩。一個真正的大乘菩薩道行者，既不執著世間，也不執著從世間解脫，既不充滿欲望，也不充滿厭惡，對任何事物不會依

戀，也不會排斥。

凡夫具有前述的兩種心態：當事業和家庭有了問題，他們就想用逃避來解除痛苦；當事事順利時，又深深地依戀所擁有的一切，因此而會有更多的欲望。一個人有了十萬就想要有一百萬，當有了一百萬就想要有一千萬。

這樣的心態不是大乘的心態。欲望和厭惡是一體的兩面，一個人到底是執著於事物的擁有，還是執著於事物的離棄，並不是重要的問題，因為這兩種執著都只是為了滿足自己的私利。文殊師利菩薩自己沒有這種心態，他只是為了幫助這類眾生而提出問題，他向佛陀請教正確的修行法門，是為了讓眾生能得到適當的指導。

有一次我在臺灣演講，一直被一位聽眾打斷，我每講一段，他就提出愚蠢的問題，最後我問他：「你為什麼要這樣做？」他答：「我不是為自己問的，您講的內容我已經了解了，但是有很多聽眾不好意思提出這麼愚蠢的問題，我是為他們而問的；如果我不問，他們就聽不懂您的演講，那就只有我一個人了解您在說什麼了。」我說：「謝謝你！你一定是位大菩薩。」幸好大部分的人不這麼做，如果每個人都像他一樣，我會永遠都無法講完。有一些人問問題是為了顯示他的聰明，另一些人則是想

引起注意；有一些人提出相反的意見，是因為他們喜歡辯論。這些人的動機與菩薩不同，菩薩不為自己的利益而問問題，他們沒有欲望，所以不需要表現自己，完全是為了眾生的利益而問。

爾時，世尊告文殊師利菩薩言：「善哉！善哉！善男子！汝等乃能為諸菩薩，諮詢如來因地法行，及為末世一切眾生求大乘者，得正住持，不墮邪見。汝今諦聽，當為汝說。」時文殊師利菩薩奉教歡喜，及諸大眾默然而聽。

這段經文很直接，佛陀在整部經裡回答菩薩所提的問題前，都先以這樣的形式答覆。佛稱讚文殊師利菩薩對末世眾生的慈悲，並說他將回答這些問題。

佛經中所提到的「末世」，有兩種定義。其一是，離佛世愈久遠，能聽聞到佛法的人也愈來愈少，而聽到的人當中，只有少部分能接受它，踏上成佛之道。現今社會有許多研究佛教史的學者，他們能理智地辯論佛教對文化、哲學和宗教的影響，然而這些學者大多對佛法的修行不感興趣，有些甚至認為佛教是一種迷信。

「末世」的另一個定義，指的是因地理位置而

與佛法隔絕的社會。世界上有很多地方的人沒有聽聞佛法的機會，即使遇到了，與佛法的聯繫也不強、不純粹，所接觸的可能是錯誤或被曲解的佛法。

「善男子！無上法王有大陀羅尼門，名為圓覺，流出一切清淨真如、菩提、涅槃及波羅蜜，教授菩薩。一切如來本起因地，皆依圓照清淨覺相，永斷無明，方成佛道。

無上法王是從一切法或現象中解脫出來的覺者。什麼是「從一切法中解脫出來」呢？就好像一國的統治者有著絕對的權力，能完全隨心所欲，使喚任何人、使用任何物品、做任何他想做的事，他在一切法律與規則之上。同樣地，一位成佛的人，已完全從「法」或現象的束縛中解脫出來，他既不執著也不排斥任何思想、觀念或外境，在這個意義上，他是「法王」。絕大部分的眾生沒有資格被稱為法王，因為我們無法駕馭自己的情緒與外境，我們被自身的處境所控制；當我們面對事情時，會有高興、悲傷或生氣的反應，而法王是不會被現象和環境所困擾的。

有一次，我在臺灣與一位年輕僧人一起搭公

車,有位年長的女士和她的孩子們上了車,這位僧人把位子讓給了她。這位女士在兩站後下車,卻將位子讓給了她的孩子,忘了這位子原本是那位僧人的。他後來向我抱怨,我問他:「你不是要幫助所有的眾生嗎?如果你因為這次的經驗,而不再讓位給其他的人,那麼,你不但沒幫到眾生,反而讓別人對你產生了不良的影響。」

多數人對佛法沒有穩固地掌握,不但當不了環境和情緒的主人,反而被它們所奴役。如果我們不把痛苦的事情看成是痛苦的,如果我們不在經歷愉快的事情後,渴望更多的快樂,那麼,我們就脫離了「法」的約束。這是個很難達到的層次,因為痛苦的確是痛苦的,快樂的確是快樂的,逃避痛苦和渴望快樂是眾生自然的傾向。

佛和菩薩不被痛苦所縛,卻為了幫助眾生,把自己置身於眾生的痛苦中。他們就像那些身體不健康或沒有專長的父母,為了孩子而刻苦地工作。這些父母也許知道自己艱苦的處境,但因為孩子的幸福是他們唯一的企求,他們也就繼續堅持下去。菩薩所承擔的痛苦,與眾生因業報所受的痛苦,在本質上是不同的。當我們受苦時,會有煩惱,而菩薩因為廣度眾生、利益眾生的誓願而承受必要的痛苦,對他們來說,其實並沒有痛苦。

我問過許多人,在他們的生命中,是否有過一段不太受苦的歲月?有人回答,童年時期無憂無慮又快樂,但是,成年時所背負的責任則帶來痛苦。真的是這回事嗎?初生嬰兒做的第一件事就是哭,而且整個幼兒期都經常在哭,有時並沒有特別的理由;成年人也是,有時會無緣無故地生氣或悲傷。其實每個人都一樣,在生命中的任何階段,都會有痛苦。有很多國家的人想搬到美國,他們相信美國是最美好、最自由和最快樂的地方;美國也許比其他一些國家好,但是它本身並非沒有問題。這世界有緊密而複雜的聯繫,一個區域的問題會引發另一個區域的問題,一個地區的嚴冬或歉收,會直接或間接地影響整個世界。我們無法逃避問題,因為問題都是我們自己所製造的,它們如影隨形,跟著我們到處跑。

　　因此,這是一個陷於痛苦之中的世界,即使有快樂,也是痛苦的一種,因為快樂終會逝去。只要我們還有心理或身體上的問題,只要我們仍被環境和情緒所控制,我們的生活中就必定有不安和痛苦。我們所能體驗的生命,是一個苦海,我們迷失在浩瀚的海中,找不到方向,看不到安全的涯岸;而佛法的存在,就是為了幫助眾生把自己從苦海中救拔出來。藉由佛所說的修行法門,我們可以超越

身、心的痛苦，我們可以選擇去終止那看似無盡的生死輪迴，以及與之俱來的煩惱，因為，煩惱都是我們自己製造的。

經文說：「無上法王有大陀羅尼門，名為圓覺。」陀羅尼在這裡可以解釋為維繫物品的線。譬如說，當你握住魚網的主線時，你就控制了整個魚網；同樣地，夾克的衣領雖小，卻能使整件衣服成形，你握住領子時，你就握住了整件夾克。大陀羅尼門的修行法就像是魚網的主線或是衣服的領子；其實，即使你只握住魚網的一條小線或是夾克的一根線，你就已經與整體接連在一起了。正所謂「牽一髮而動全身」，事物的任何部分都能讓我們切入整體。以佛教來說，這意味著法的融通──任何契於佛法的修行法門，都是通向圓覺的一道門。

要證悟圓覺，就必須修行。凡夫未覺，是因為不能體證自身存在的基礎──佛性。即使是層次較高的修行人，也不一定有圓滿的實證。小乘阿羅漢的證悟是片面的，因為他們只著重佛法中空性的方面；同樣地，許多大乘菩薩的證悟也不是圓滿的，雖然他們知道世界虛幻無常，也有幫助眾生的悲心，卻還沒有完全實證佛法，仍然需要修行。有些修行人已經覺悟了，但是他們的福德尚未圓滿，只有佛的智慧和福德是圓滿的。

經文說從圓覺大陀羅尼門中流出清淨真如、菩提、涅槃和波羅蜜。基本上，我們每個人都擁有清淨真如，這是圓覺的智慧本質，它使我們如實地認知所有的事物，超越相對的分別和變化。但是，由於被愛取、憎厭以及冷漠等煩惱所蒙蔽，我們對它渾然不覺。已經徹悟的人則不同，他們已從肉體的生死及苦惱的生滅中解脫出來。眾生因為苦惱的生滅而經歷肉體的生死，受困於自做自受的輪迴世界中，永無止盡地輪轉，直到證得本具的真如。如果我們不具有真如，那修行將是徒然的，正因為有這內在的本性，修行才有可能，而當煩惱袪除時，真如就顯現了。

菩提是一個證悟的境界，菩提亦是智慧，依不同的證悟層次有不同的菩提。釋迦牟尼佛的菩提是無上的正等正覺；大菩薩和阿羅漢的菩提雖然高深，卻不及佛的菩提；凡夫則對菩提一無所知，必須為自身、為一切眾生的利益真誠地發起證悟的宏願，才有可能圓滿地證得菩提。而為了成就宏願，就必須精進地修行。

所謂修行，就是時時刻刻，在一切情況下長養菩提心。當菩提心圓滿時，就斷除了肉體的生死輪迴及與之俱生的一切苦惱，這個境界叫作「涅槃」。而用來成就菩提和成佛的方法，叫作波羅蜜

多（圓滿）。佛經中描述了多種波羅蜜多，每個波羅蜜多都代表了修行的某個方面的圓滿成就。佛法中有六種基本的波羅蜜多：布施、持戒、忍辱、精進、禪定、智慧。實際上，任何能夠讓我們減輕身、心煩惱的方法，都可以稱為波羅蜜多。

曾經隨師修行佛法的人都知道，修行是非常有用的。但是，當修行開始生效後，並不代表所有的問題、痛苦和煩惱都會就此消失。真正的修行人了解這一點，唯有那些還沒開始修行，或是修行還未生效的人，才會對開悟抱著幻想，「一悟永悟」就是這樣的一種幻想。修行不應該在有初步的結果時結束，反之，有了初步的結果，更應該加倍努力。其實，在初嘗開悟的滋味後，修行才真正的開始。而後，開悟的體驗會愈來愈深，直到最後圓滿地覺悟，證得佛果，這時，煩惱和妄惑才會永遠根除。

有一個年輕人，連續三年不時來找我，他對開悟很有興趣，卻不想修行，也不來上課。我叫他靜坐，他拒絕了。他說他有太多心理問題，所以不能靜坐，但他相信有一種神奇的方法能讓他自動開悟，將他心理的、神經質的問題根除。這樣的人，我無法幫助他。

要想永遠祛除習性、煩惱，必須恆常不斷地修行，唯有如此，煩惱才會逐漸根除。我們的心就像

一潭汙水，需要時間讓淤泥和雜質沉澱，這過程必須保持水的靜止，否則淤泥會在水中再度攪起。等到雜質凝結、沉到水底，最後因為太大、太重而不再浮起，那時候，水才會純淨。我們的修行、我們的心和我們的煩惱也一樣，只有當我們的煩惱凝結沉澱後，心才會清明純淨，在這之前，即使輕微的舉動，都會使煩惱再度生起。

有些人在修行時經歷了愉快的感覺，他們也許會認為自己的問題已經永遠消失了，那麼這愉快的感覺，本身就是個問題。在經歷這種感覺時，他們也許不能覺察到諸如愛或恨的煩惱，一旦回到日常生活中，面對人群和周圍的環境時，問題就會重新出現。有一位弟子告訴我，她經常在日常生活中經歷各種情緒上的苦惱，我問她：「當它們生起時，妳有什麼樣的感覺？」她回答說，她常常感受到強烈的愛或恨。我問：「當妳沒有愛或恨的感受時，這些煩惱還有嗎？」

對大部分的人來說，即使處於看似平靜的狀態，煩惱仍然存在；在這種狀態中煩惱也許較不明顯，但它們是存在的。只有當我們的心完全靜止，變得平靜和明朗時，智慧和慈悲才會滋長。

修行必須持之以恆，直到所有的煩惱、塵埃凝結為止。唯有如此才能實現我們證悟圓覺的本願，

得到佛果。所有為成佛所做的努力，最終都必須歸結到大菩提——大覺悟上，如此，煩惱才能根除，這也就是佛陀鼓勵我們勤修各種波羅蜜多的目的。這並不容易，但是，無論有多大的困難，無論要花多長的時間，我們都必須踏步前進，盡最大的努力，來實現心靈的昇華。

云何無明？善男子！一切眾生從無始來，種種顛倒，猶如迷人四方易處，妄認四大為自身相，六塵緣影為自心相。譬彼病目，見空中花及第二月。善男子！空實無花，病者妄執。由妄執故，非唯惑此虛空自性，亦復迷彼實花生處。由此妄有，輪轉生死，故名無明。善男子！此無明者，非實有體。如夢中人，夢時非無，及至於醒，了無所得。如眾空花滅於虛空，不可說言有定滅處。何以故？無生處故。一切眾生於無生中，妄見生滅，是故說名輪轉生死。善男子！如來因地修圓覺者，知是空花，即無輪轉，亦無身心受彼生死。非作故無，本性無故。彼知覺者，猶如虛空，知虛空者，即空花相，亦不可說無知覺性。有、無俱遣，是則名為淨覺隨順。何以故？虛空性故，常不動故，如來藏中無起滅故，無知見故。如

法界性,究竟圓滿遍十方故,是則名為因地法行。菩薩因此於大乘中,發清淨心,末世眾生依此修行,不墮邪見。」

上面這段經文,是佛陀回答文殊師利菩薩的問題的核心,應該以整體來看。「從無始來」是佛經裡的常用語,根據佛法的觀點,其實沒有所謂的起源。這個道理很實際,因為如果我們去推測宇宙或人類的起源,會引發許多無法回答的問題。例如:這個起源是什麼時候開始的?起源之前是什麼?如果我們說上帝創造了宇宙,則又會引發別的問題,例如:上帝從哪裡來?上帝為什麼選擇這個特定的時間來創造宇宙?上帝創造的人類製造了很多的問題,上帝為什麼要創造這些麻煩?這些問題是無解的,而佛法不做臆測,一句「從無始來」,就不再為這些問題糾纏了。

從無始來,有情眾生就有各種妄想。事實上,眾生的「有情」本質,以及他們對此本質所產生的反應,正是問題的所在,這是眾生之所以為眾生的原因。什麼是妄想?譬如一個人迷失了方向,認東為西、認南為北,方向本身未曾改變,只是這個人迷惑了。認東為西是一種妄想,而認為身體是屬於我們的,也是一種妄想。身體只不過是元素的組

合，它在過去不屬於我們，在未來也不屬於我們，在我們死後，當然更不屬於我們，即使是現在，這個身體也不真正屬於我們，它無時無刻不在變化，攝取各種物質，不斷地新陳代謝。但是，人們卻執著這個身體就是自我，認為它是永恆的實體，這是虛幻的，是妄想。當然，有些人會贊同我的說法，但是他們用的是思惟的能力，是藉由理性的力量去認知一個概念。

那「心」或「精神」呢？你們會說：這應該就是「自我」了吧！心藉由感官與外界互動：眼睛觀看形狀和顏色、耳朵聽聞聲音、身體感覺冷暖和其他觸受等。但是，如果你仔細分析感官與外界的互動，你會發現，在心之中，並沒有一個連續不變的「自我」；即使在夢中，也沒有一個連續的「自我」。夢，只是心對過去的經驗的回憶及互動，它是潛意識所製作的一個又一個畫面。

心只是個印象，是身體與外界接觸時的反映。當你把一道光投射在物體上，影子就會出現，但這影子不是實體；心也一樣，它只是身體與外界互動時產生的映像，而身體和外界都沒有各別獨存的自我。

人們相信自我就是身與心，相信自我是真實的。錯了！我們執著於身、心和環境之間的交互聯

繫；我們記著過去，想著未來；我們享受美好的事物，逃避不愉快的事物。成功時，我們感到驕傲；失敗時，感到失望。我們對心中產生的想法、情緒和感受，緊抓著不放。

認為身與心就是自我的人，就像那些看見空中生出花朵而深信不疑的人一樣。多數人都知道，空中沒有花，但是，要說服一個自認為明明看見空中花的人卻很難，如果你跟他說空中的花是個錯覺，他會認為你瘋了。根據佛法，心和精神也是錯覺。所謂的精神、靈魂和自我，只不過是我們對「永恆」和「存在」的幻想。

但是，我們也不能說什麼都不存在，那是虛無主義，也是一種妄想。如果這種見解是對的，那麼，為了覺悟而修行就沒有意義了。說事物「不存在」，是為了使人們放下對形相和觀念的執著，從而減輕執著所產生的焦慮和苦惱；說事物「並非不存在」，是為了使人們能依佛法精進修行而不懈怠，努力讓自己的佛性能顯露出來。佛性非有非無，既非存在亦非不存在。

「虛空性故，常不動故。」這句經文指的是佛性。佛性不是物質，它是空的，所以不能說它存在，但是空並不意味著它不存在。佛性超越了生與滅的無間輪轉，不動亦不變。如果佛性也是個生滅

的過程，它就是有為緣生的，其實不然。因此，佛性不是相續不斷地分別造作所能把握的。我們可能會認為，外在的現象在動，其實，所有的事物——從最小的微塵到最大的宇宙，都是不動和不變的，是有情眾生的心、行動及念頭，使外在的現象顯得在動、在改變。

心在動，這個世界也就顯得在動，那是因為心不在當下，如果心能靜止於當下，即使身處劇烈的騷動中，所有的現象仍是不動的。如果修行者能堅定不移地用方法，就能達到心清淨不動的層次，這時，所有其他事物亦是不動的。只有在執著自我與外在現象的存在時，我們才會把這個世界看成是存在的；如果我們心無一物，那麼心外也即無一物。

《六祖壇經》裡有個著名的故事，闡述了這個觀念：有一天，六祖惠能走入寺院的大門，看見兩位僧人注視著風中飄動的旛（旗子）在爭辯，其中一位堅持是旛在動，另一位則認為是風在動。惠能說：「不是風動，不是旛動，仁者心動。」

這樣的觀念對我們來說不容易理解，我們甚至會反駁，堅決認為不管我們的心是否在動，旛的確在動，即使我們閉上眼睛，旛仍會繼續動下去。依照這種常理，六祖惠能的話好像毫無道理。

要了解這個故事，就必須了解《圓覺經》的

這段經文。當心不動時,整個宇宙,從最小的微塵到最大的星系,都是不動的。但是,僅在知性的層次上接受這個觀念,或是機械地重複它,都是不夠的;此外,僅僅說是心的動使外在現象示現動相,也是不夠的。其實,使它們示現動相的,是「煩惱心」。

這不動的事實,也意味著不變。如果有人啜飲一杯水,看起來水似乎減少了,其實不然,水量仍然相同,只是有些水跑到那個人的胃裡去了,水仍然在地球上,它的量沒有改變。從更大的尺度來看,即便我們離開了地球,也仍在這宇宙中,不會真的「消失」,就整體存在來說,沒有生與滅,沒有創生與滅絕。

真正的修行,就是恆持地觀照這個道理,體悟到這不動的境界,即覺悟了清淨心。在這覺悟中,煩惱會消失,這才是正知見,反之,邪見只會增加我們的煩惱。

外在的現象因煩惱心而生起。雖然我們看起來都生存在同樣的客觀現實中,我所體驗的世界和你所體驗的是相當不同的。我們每個人都有不同的感覺和經驗,而這些差異就反映在所謂的客觀現實中。譬如,看一棵樹,我所看到的和你看到的就不一樣,即使那些擁有相同家庭背景或生活方式的

人，對世界也可能會有顯著不同的看法。我們認知的世界因煩惱的不同而有差異，有些人的心經常在動，腦子裡充滿了各種想法、焦慮和成見，另一些人的心就比較平靜。而佛性則是完全不動，絕對寂滅的。

　　佛性，亦即如來藏，是成佛的種子。但這並不是說，當一個人證悟了，一尊佛就產生了，實際上，佛性從未離開過我們，如來藏未曾增減；更好的說法是，有佛性就有成佛的潛能。去和來、起和滅，這都是凡人的觀點。

　　爾時，世尊欲重宣此義，而說偈言：

文殊汝當知　一切諸如來
從於本因地　皆以智慧覺
了達於無明　知彼如空花
即能免流轉　又如夢中人
醒時不可得　覺者如虛空
平等不動轉　覺遍十方界
即得成佛道　眾幻滅無處
成道亦無得　本性圓滿故
菩薩於此中　能發菩提心
末世諸眾生　修此免邪見

打坐時，有時候會產生幻覺。有一次禪七，我注意到一位女士在看著天空，我問她在看什麼，她指向一個她認為是觀音菩薩的東西。我告訴她，天空中沒有東西。她說：「師父，不要騙人！如果我能看見菩薩，您當然也一定能看見。」

同樣地，相信身與心就是自我也是個幻覺。聽我這麼說，大部分的人會認為我在胡扯，但是，我們確實是迷惑的，因為無明，所以繼續著永無休止的生死輪迴。

我們強烈地執著身與心就是自我，而且堅信它們是不可缺少、無法分離的。這個信念局限著我們、束縛著我們，使我們被雜念和環境的表象所控制；反之，如果我們能控制自己的心，專想我們所要想的，那麼我們就能控制環境。第一種情況是環境控制我們，第二種情況是心控制了環境。

當一個男人迷上了一個女人，渴望得到她，可以因此做出任何事來贏得這個女人的愛；如果失敗了，而他的愛戀仍然不斷，他可能會發誓，生生世世都要追求她。他所迷上的這個女人並沒有控制他，只是他無法從自己的貪愛中解脫出來，這是一個被自己對環境的反應所控制的例子。我們對自己的身、心的貪愛與執著，不是遠遠更甚於此嗎？

我最近讀到一篇真實性無法考證的故事，它

發生在史達林時代的蘇聯。有一天，一位具有特異功能的人走進了史達林的私人辦公室，震驚了這位蘇聯領導人，因為他當時並不期待任何訪客。史達林問他如何躲開警衛來到辦公室，他回答：「我想著自己是KGB（前蘇聯國安局）的首腦，所以沒人來盤問我；當我走過時，你的部下還向我敬禮呢！」史達林不相信他的話，就要他做個示範，剎那間，史達林就看到KGB的首腦站在眼前。過了一會，這人「恢復正常」，跟史達林說：「其實我不是你以為自己看到的那個人。」史達林對這人的能力印象深刻，讓他在蒐集外國情報的單位任職。不管這個故事是否真實，它提出了心力控制的可能性，這位具有特異功能的俄國人就可以操控環境以及他人的心。

雖然這個人的心力看似驚人，但那不是解脫，他仍然有執著和煩惱，因為他仍沉浸在身體與環境所形成的影像中；他只不過比大多數的人有更強的心力而已。

許多人問我：「師父！我現在是在做夢嗎？我知道我晚上做夢，但是白天的生活也像個夢！」我回答：「是的！你現在正在做夢，到了晚上你做的是夢中夢。」哪個是真的自己呢？哪個自我更真實呢？這些問題都無關緊要，因為，無論是睡著或是

醒著，你都在做夢。要完全了解這一點，你必須從所有的夢中醒來。還有一些人告訴我：「有時，我到了一個未曾到過的地方，卻有一種似曾相識的感覺，這有什麼特殊的意義嗎？」我告訴他們：「也許你在夢中到過一個類似的地方，但那極可能是不相同的。」

夢通常是模糊不清的，你或許會馬上認同這點，可是你會堅持，醒著的時候是清楚明白的。真的如此嗎？即使此刻，你的心也不是清楚的。你覺察到今天所有做的、看的和接觸的每個細節嗎？大多數的人在迷迷糊糊中度過一天。事實上，即使在經歷事情的當下，你也不是完全清楚的，要不然就會像照相機的底片，所有的細節都會如實地印上去。

這個由我們對身體的同我化和對環境事物的反應所產生的心，不是真實的，它是空的，是不可靠的。藉由修行，我們可以從這個假我中解脫出來，而解脫時，我們會看到不動、不變而清淨的「真我」。這個「真我」，即是佛性。要想成佛，我們必須精進修行，徹底了悟身、心和所謂的客觀世界都不是真的。功成之時，我們將從因執著而起的煩惱，以及生死的輪迴中解脫出來。

生與死沒有自性，否則，它們將是永恆的，

那我們就不可能從生死之中解脫了。你也許會認為有一個圓覺可以證得，錯了！圓覺是空的，它不能被擁有或占有；如果圓覺有永恆的自性，未覺的眾生就不可能覺悟。明朝有位精進修行的出家人，在聽到「斷除妄想重增病，趣向真如亦是邪」這首偈子時，感到很困惑，因為這和他的認知似乎相互矛盾。如果斷除妄想而解脫後還會有煩惱，那解脫有什麼用呢？如果趣向真如而證悟也是錯的，還得繼續生死輪迴，那還修行做什麼？他知道文字的背後一定有更深的意思，所以發願不吃、不睡，直到徹底了悟偈子的意思為止。最後，他證悟了，知道一個人如果執著於解脫，就會有更多的煩惱，而如果認為自己已經證得「真如」，就給自己更增加一種執著，會在生死輪迴中沉淪得更深。

　　我們的我相──亦即由身、心所產生的自我認知，是錯誤的。但是，認為有一個等著我們去發掘的「真我」，也是錯誤的。如果要與圓覺相應，就必須拋棄一切「有」和「空」的觀念。如果你說自己沒有執著，但仍堅持有覺悟可證，有佛道可成，那你其實仍然被煩惱所轉。這個「道」，是一切事物的根本總體，沒有任何東西是與之分開的。如果你說：「我證道了！」那麼，仍有主與客的對立，仍有「得」和「捨」的區別；而圓覺之中，沒有相

對的概念，沒有佛道可成，也沒有覺悟可證。

菩薩遵從這個教導，可以成佛；有情眾生隨順這個教導，即使在末法時代，也不會被邪見所困惑。顛倒邪見主要有兩種：一種是執著「有」，使生活充滿掙扎與挫敗，第二種是執著「空」，造成對現實的冷漠和逃避。佛法是遠離這兩種見解的。

我聽過一個故事：有一隻狼，到處覓食卻一無所獲，最後餓得瘋了。有一天，牠以為找到了食物，卻不知道那其實是自己的左腿，把它吃了下去，當牠津津有味的吃飽後，才發現自己失去了一條腿。如果在佛道的修行過程中，覺得自己已經證得美妙的東西了，那麼，我們就與那隻狼無異。修行必須達到無得、無失的層次。如果我們因為獲得某種成就，或從別人身上得到某種東西而感到高興，那就像這隻狼一樣，沒有覺察到所得的其實只是自己的左腿。宇宙是完整、圓滿的，沒有任何事物曾經與我們分離，只是我們自己產生了分離的感覺。

「知無明如空花」適切地描述了從妄想中的醒覺。空中根本沒有花，如果有人見到了，是他們的眼睛有問題；同樣地，因為我們的心不斷地騷動，才會在環境中感到對立。空中無花，真性不二，二元的覺知是煩惱心所產生的，如果能直接了悟這

點，我們就能出離煩惱、痛苦，以及生死。在夢中，我們也許會生氣、快樂或悲傷，而醒來之後，就立刻知道那都不是真的。

你知道自己當下在做什麼嗎？你在做夢呢，還是醒著？對睡著了的人來說，我們也許是醒著，但是比起有真智慧的人來說，我們正做著煩惱的夢，在生死的夢中迷失。一切有情眾生都在做夢，只有成佛時，才真正地完全醒覺。在「存在」的夢中，我們經歷許多事：家庭、事業、名聞、失敗、快樂、恥辱、生病和死亡，而當一個人完全覺悟了，就知道所有的事情都只是海市蜃樓。

覺悟有如晴朗的天空，而煩惱心則雲雨密布。對證悟的人來說，蒙住自心並產生「動」的幻覺的煩惱，已不復存在，再也沒有任何東西遮蔽自心的內在光明與純淨，那才是真正無分別的心，普及一切而不變，這就是圓覺。

第二章

普賢菩薩

　　於是，普賢菩薩在大眾中，即從座起，頂禮佛足，右繞三匝，長跪叉手而白佛言：「大悲世尊！願為此會諸菩薩眾，及為末世一切眾生修大乘者，聞此圓覺清淨境界，云何修行？世尊！若彼眾生知如幻者，身心亦幻，云何以幻還修於幻？若諸幻性一切盡滅，則無有心，誰為修行？云何復說修行如幻？若諸眾生本不修行，於生死中常居幻化，曾不了知如幻境界，令妄想心云何解脫？願為末世一切眾生，作何方便，漸次修習，令諸眾生永離諸幻。」作是語已，五體投地，如是三請，終而復始。爾時，世尊告普賢菩薩言：「善哉！善哉！善男子！汝等乃能為諸菩薩及末世眾生，修習菩薩如幻三昧，方便漸次，令諸眾生得離諸幻。

汝今諦聽！當為汝說。」時普賢菩薩奉教歡喜，及諸大眾默然而聽。「善男子！一切眾生種種幻化，皆生如來圓覺妙心。猶如空花，從空而有，幻花雖滅，空性不壞。眾生幻心，還依幻滅，諸幻盡滅，覺心不動。依幻說覺，亦名為幻；若說有覺，猶未離幻；說無覺者，亦復如是，是故幻滅名為不動。

　　普賢菩薩請佛解釋：如果世界和眾生的存在都是虛幻的，眾生如何能修行呢？眾生的生命是一個漫長的夢，「存在」僅僅看似真實，當我們覺悟或成佛時，才會如實地了知，「存在」的本質，只是一個接一個的幻相。覺悟之前，我們無奈地被身、心及外境所困惑，無法了知它們都是虛妄的；我們活在夢中，卻認為夢是真的。要想了知身、心的幻化本質，就必須要修行，而我們除了利用幻化的身、心來修行之外，別無他法。

　　依靠幻相來認知我們本身也是幻相，這聽起來很愚蠢，似乎不太可能。如果一件事不真實，而是虛幻的，我們可以進一步推測它即是空的──無所有。以此類推，如果我們的心不是真實的，那麼它就是空的，也就沒有心可以修行，同時，我們的身體也不是實有的，那到底是誰在修行呢？如果我不

是真的,是誰在說話呢?如果你們也不是真的,又是誰在聆聽呢?

　　普賢菩薩擔心人們聽到佛對文殊師利菩薩的開示後,會認為修行也是虛幻的,而不願意去修行。畢竟,如果真的如佛所說,修行是不存在的,那麼修行與否也就無所謂了。你們同意這種觀點嗎?如果有這樣的態度,你就只能在生死輪迴中繼續流轉,永遠無法了悟自己活在夢中。

　　一般來說,一個在睡夢中的人,除非做的是惡夢,都不會想醒來,做夢的人喜歡留在夢中;同樣地,如果你的生活比較歡愉,就不太可能會為了了悟生活只是個幻相而去修行,沒有人願意從好夢中被喚醒來。眾生錯誤的把瞬間幻化的存在當成是連續一貫的生命,因為他們不知道生命不是真實的,也就不曾嘗試醒來。因此,普賢菩薩請佛開示一個能鼓勵眾生修習佛法的方便法門,使他們最終能從「存在」的夢中醒來。

　　佛說,幻相並不存在,當幻相消失,所留下的即是妙空。了知這一點,就是覺悟,也就從幻有的痛苦中解脫出來了。如果有人宣說「我證悟了」,這是錯誤的!你證悟了什麼呢?充其量只是在對覺悟與存在、覺悟與世間相進行比較而已。存在及世間相都是虛幻的,如果有所比較,必定是幻相與幻

相之間的比較。所以,如果一個人認為自己證悟了,必定是執著於有「覺悟」可證的信念,也就仍然活在夢中。

反之,如果有人說,沒有覺悟這回事,那也是錯的!他執取了另一個觀念,仍然是迷惑的。正確的作法,是什麼都不說。唯有根除了分別和執著,才能與圓覺的不動本性契合;體認了不動的本性,也就超越了幻有及夢的境界。

有一個故事,說一位老比丘在火車上念著佛號,旁邊的年輕人大聲地批評說:「和尚,你為什麼不做事?我們每個人都有工作,為社會貢獻,你呢?」老比丘說:「一只手表中有很多齒輪不停地轉動,但是其中有一個不動的軸,如果它動了,齒輪就會纏在一起,表也就壞了。是轉動的齒輪比較重要呢?還是不動的軸比較重要?」這位年輕人承認這個故事充滿了智慧,但是他既不認為這位老比丘是那不動的軸,也不認為他做了任何有意義的事。你們認為如何呢?

有一個政治理論,鼓吹統治者應該放輕鬆,不要考慮太多問題,讓閣員做大部分的工作。這個理論認為,這樣的領導方式,對國家是有利的。反之,如果統治者做的太多,而閣員太空閒,這個國家就會瓦解。

身體的健康也一樣：如果我們整天用心思考，而不鍛鍊身體，可能會因此無法過一個長壽、健康的生活，反之，如果我們在身體辛勤工作時，保持心情的鎮定與寧靜，就會更健康、更快樂。在修行中，靜心是很重要的。當心在動時，就進入了虛幻的境界，好像前額被人敲了一下，因而看到很多飛舞的黑點，其實這些黑點並不存在。同樣地，我們總是把生命中所看見和經歷的事當做是你、我所有的，看成是美的或醜的、樂的或苦的。這些想法和感覺，都源於我們的執著；因為我們不能打破對身、心和外境的執著束縛，就免不了問題的產生。

每個人都有自己的問題，但是，如果因此說每個人都有精神病，或者都是瘋子，那就不對了。不過，從某個角度來說，所有的人，無論正常還是瘋了，都有一個共同點，那就是兩者都在做夢。

在動的心就像湍急的流水，快得讓我們無法分辨其中的雜質，只有在心靜止不動以後，我們才能看到念頭與念頭間微細的關聯，智慧才會顯現。這時，你將會了悟，所謂的「心」是不存在的。如果心不是真實的，那麼心中的念頭就不是真實的，那些依著念頭與感覺而生的煩惱，也就不是真實的。煩惱如果是真實的，就無法被袪除；正因為煩惱是虛幻的，我們才有可能從中解脫。因此，修行只是

對凡夫而言，佛是不需要修行的。當湍急的流水靜止，雜質沉澱後，水就完全淨化了，不需要再去平靜它。

在修行中，我們用幻心來超越幻心，用一個幻念來觀照其他幻念的生起。除非我們專注在一個念頭上，否則一連串的念頭會不斷地接踵而至，把我們捲入它們那永無止盡的循環中；如果我們真的能專注在一個念頭上，心就會停下來，那就不需要再用那個念頭了，這就好像如果沒有了賊，看家狗也就沒用了。

當所有虛幻的構思從心中消失後，智慧即自發地生起。其實，沒有幻相的狀態就是智慧，智慧就是空性，而空性是不動的，它不可思議，無法把捉，我們無法帶著一點點空性或智慧到處走。可以把捉的東西，不管是思想的或形體的，都不是真的；唯有空性是真實的，能體認這點，即是證悟。

如果我們還有我相，還有好與壞、男與女、對與錯的觀念，那就表示我們仍在做夢。唯有停止了分別，才能契入空性。真正開悟的人，雖然已經了知一切皆幻，卻選擇留在世間利益眾生。

在真正覺悟的境界中，覺知是純淨無染的。「覺悟」是與幻相對比的名詞，只是用來描述一個觀念的文字，因此也是個幻相；真正的覺悟無法用

文字和觀念來形容，文字和觀念只是一種方便。如果覺悟只是相對於幻相而有的，那它也只是個幻相。例如學生相對於老師，老師的存在是因為有學生可教，如果每個人都有資格教書，那還需要老師嗎？只有那些仍在輪迴中的人需要覺悟這個觀念，徹悟的人沒有這個需要。在聖人眼中，自己與平凡的眾生無異；但是，凡夫如果把自己看成與聖人等同，那就不對了。覺悟與幻相、師父與徒弟——這樣的對比，對凡夫來說仍然存在。

釋迦牟尼佛說他自己不獨特，只是僧團的一分子。佛確實只是一位成佛的僧人。但是，如果他的弟子認為自己與佛無異，那麼他們就無法從佛的身上學到東西。對一個還未證悟的人來說，必須先設定一個目標，接受老師的指導而修行。

> 善男子！一切菩薩及末世眾生，應當遠離一切幻化虛妄境界。由堅執持遠離心故，心如幻者，亦復遠離；遠離為幻，亦復遠離；離遠離幻，亦復遠離；得無所離，即除諸幻。譬如鑽火，兩木相因，火出木盡，灰飛煙滅，以幻修幻，亦復如是！諸幻雖盡，不入斷滅。善男子！知幻即離，不作方便。離幻即覺，亦無漸次。一切菩薩及末世眾生依此修行，如是乃能

永離諸幻。」爾時，世尊欲重宣此義，而說偈言：

普賢汝當知　一切諸眾生
無始幻無明　皆從諸如來
圓覺心建立　猶如虛空花
依空而有相　空花若復滅
虛空本不動　幻從諸覺生
幻滅覺圓滿　覺心不動故
若彼諸菩薩　及末世眾生
常應遠離幻　諸幻悉皆離
如木中生火　木盡火還滅
覺則無漸次　方便亦如是

　　我們都有執著，用現代的流行用語來說，都有各自的「癮」。這可以是物質上的或是心理上的，可以是世俗的、哲理的，或是身體的。執著可能是淺薄而短暫的，也可能是根深柢固的，但是，所有的執著都有一個共通點——為我們的生活製造惱怒與騷動。

　　藉由修行，就有可能脫離執著，一步步逐漸放下執著，直到袪除所有的煩惱為止。經文提出了我們所必須超越的四個層次的執著，有一些老師說這

個過程就是「遠離」，這種說法有誤導性，因為它有從執著中逃離或跑開的涵義，真正的過程並非如此。其實，認清執著即為遠離執著。

認清執著的過程通常是循序漸進的。首先，我們讓自己從世間的幻相中出離；第二，將我們的心視為虛幻的，因而從中出離；第三，體認那想要從「心」解脫出來的想法也是一種執著，從此不再執著它；第四，讓自己從「遠離」中出離。

要想通過這四個層次，從無數的執著中出離，是極其困難的。第一個遠離的層次──從世間相中出離，相對來說最容易，卻仍然非常艱鉅。物質世界的出離，包括了金錢、財物、事業、家庭和自己的身體，這並不是說我們應該把它們統統拋棄。我們還是可以過正常的生活，只是不再執著這些東西，減少對它們的依賴。換句話說，我們不再因為獲得財物、經歷順境而得意，也不因為有所損失、經歷逆境而消沉。當我們從世間相中出離時，會體驗到所有的經歷，無論好、壞，或是不好不壞，都是因緣聚散的結果。

曾經有一位學生很失意地告訴我，他想離開家庭。我問他要住在哪裡，他說，他也想要離開自己的身體，我問他：「離開身體後，要做什麼呢？」他回答：「我想，那時我會解脫。」不幸地是，結

果不會如他想像的一樣，他只是被另一個執著所束縛了。如果他經由一個自然的過程離開家庭和身體，過程中沒有痛苦、悔恨，也沒有快樂，那是可行的。這個學生並不了解什麼是自由，他之所以渴望著從家庭和身體的禁錮中解脫，是因為自己被它們所煩擾，因此想要逃脫。這不是經文所教導的遠離。

　　大多數的人貪戀自己喜歡的東西，避開自己所不喜歡的。但是，如果我們真的立志學佛，就必須學習從世間相中出離。達到第一個遠離的層次很難，而完全駕馭接下來的三個層次更難。在駕馭第一個遠離的層次後，我們已能從身體及外界的事物中出離，但是，當我們思惟所見和所經歷的事物時，仍然會執著於能知和能分別的心，「心」仍然存在。

　　如果出離了分別心，就達到了第二個層次，這時，雖然已經不再執著心或是心的功能，卻仍執著於有一個自我要去擺脫執著的想法。要想達到第三個層次，並超越它，就必須放下那想擺脫執著的自我，這是個很細微的念頭。到達第三個層次時，就不再有執著或不執著的問題了。

　　朝第四個，亦即最終的層次前進，是積極的一步。到了這裡，即從所有的遠離層次中解脫出來，

證得了圓覺。如果修行人停留在第三個層次，就會有「頑空」的態度，這是一種否定一切事物存在的知見，雖然它已脫離了對物質的執著，卻執於斷滅，因此仍是一種執著。到了第四個層次，超越了最後的障礙，也就完全的自在了。如果還有什麼需要遠離的，或是遠離的這個想法還持續著，那就還得繼續修行。

在經文中，佛以兩塊木頭摩擦生火做比喻：當木頭燒成灰燼時，火也熄滅了，木頭代表執著，而火則代表從一切執著中遠離。當執著已經不復存在時，也就不需要再遠離什麼了；就好像燃料燒完後，火就自然熄滅了。當木頭完全耗盡消失後，火不會再度燃起。修行人到了第四個層次時，就不會再有執著、不執著，或遠離的問題了。

努力想達到第一個層次的人，比起已經達到第四個層次的人，是完全不同的，雖然在外表上可能覺察不出來。到達第四個層次的人，各方面的舉止都像是一個平常人，但是凡夫與徹悟的聖者確實有很大的差別。尚未達到第一個層次的人，仍執著於身、心和外境，仍分別自、他，渴望好的事物，避開不好的事物。而到達第四個層次的人，雖然仍能分辨事物的好壞，他們的身、語、意都已經不再從分別與執著而生，真正沒有了執著，身、語、意都

是智慧的結晶。

佛和菩薩不會說：「既然我已經完全覺悟，沒有了執著，我可以為所欲為，殺生、偷盜、妄語，無一不可！」覺悟的人仍遵守道德和世間的規約，依此處事，他們這麼做，是智慧的體現，不是一種執著。

經文說，當我們認清幻相時，我們就已經與之脫離了，不需再用任何方法來袪除它。那麼，我們如何知幻為幻呢？修行人用什麼方法來穿越這四個層次呢？首先必須安心，而安心的方法叫「停心觀」，要能知幻為幻，我們的心境必須是靜止的。心境靜止後，才能有效地運用第二種修行方法：觀自我及世間相。如果不用這兩種方法，想要讓自己從身、心和世間相中出離，是極其困難的。

讀佛書、聽開示，或是參加佛法的課程，這些活動都很好，但是，如果不能直接體證佛法、通透佛法，我們就會繼續被煩惱所困擾。觀念上的思惟，無論力度或持久度都不夠，無法幫助我們解決生命與煩惱的根本問題；而當我們親身體驗到這個世界和自我都是虛幻的，所有的執著就會自然消失，智慧當下自動生起。

指出這四個層次，是為了區別修行中的四種主要障礙。然而，證悟是當下發生的，不是在第一

個層次中開始，然後逐漸增加，直到第四個層次而完成。只有當我們完全放下執著時，才能證悟，而只要是真正的證悟，它與佛所證的在本質上完全一樣。可是，凡夫的修行工夫比不上佛，悟境無法持久，無法保持證悟的狀態，悟境可能像閃電一樣，稍縱即逝。因此，我們必須持之以恆地修行，如果悟境現前而後消逝，我們不應感到沮喪。悟境雖然短暫，卻讓我們在瞬間悟入佛的知見，加強我們對自己及佛法的信心，讓我們因此更加堅定地修行。

第三章

普眼菩薩

　　於是，普眼菩薩在大眾中，即從座起，頂禮佛足，右繞三匝，長跪叉手而白佛言：「大悲世尊！願為此會諸菩薩眾，及為末世一切眾生，演說菩薩修行漸次。云何思惟？云何住持？眾生未悟，作何方便普令開悟？世尊！若彼眾生無正方便及正思惟，聞佛如來說此三昧，心生迷悶，即於圓覺不能悟入。願興慈悲，為我等輩及末世眾生，假說方便。」作是語已，五體投地，如是三請，終而復始。爾時，世尊告普眼菩薩言：「善哉！善哉！善男子！汝等乃能為諸菩薩及末世眾生，問於如來修行漸次、思惟、住持，乃至假說種種方便。汝今諦聽，當為汝說。」時普眼菩薩奉教歡喜，及諸大眾默然而聽。「善男子！彼新學菩

薩及末世眾生，欲求如來淨圓覺心，應當正念，遠離諸幻。先依如來奢摩他行，堅持禁戒，安處徒眾，宴坐靜室，恆作是念：『我今此身四大和合，所謂髮、毛、爪、齒、皮、肉、筋、骨、髓、腦、垢、色皆歸於地，唾、涕、膿、血、津、液、涎、沫、痰、淚、精、氣、大小便利皆歸於水，暖氣歸火，動轉歸風。四大各離，今者妄身當在何處？』即知此身畢竟無體，和合為相，實同幻化。四緣假合，妄有六根。六根、四大中外合成，妄有緣氣於中積聚，似有緣相，假名為心。

普眼菩薩問佛三個問題：第一，修菩薩道的人，應該採用什麼方法修行？第二，修行時，對方法應該有什麼樣的認識？第三，應該如何實踐和修習個別的法門？

普眼菩薩為了利益尚未開悟的眾生，問了這些問題。他請佛開示方便法門，使那些不知如何思惟、不懂如何正確修行的眾生，在聽到佛法時，不會心生迷惑。

佛經上說，菩薩道有五十二個階位，證得第五十二位時，即成佛道，而從第一到第四十位的菩薩，仍是凡夫。因此，佛所說的「新學菩薩」，指

的是任何接受了大乘佛法，發了菩提心，而且已經開始修行的眾生。

佛所說的「方便法門」，指的是什麼呢？我們之所以說「方便法門」，是因為佛法本來其實並沒有什麼可說的，一切言教都只是為了幫助那些無從了解佛法的人。所以，言教和修行法門是對未開悟的人而設的方便法，已開悟的人沒有這個需要。就像要想渡過海洋，需要一艘船，而到了彼岸後，船的任務完成，就不再需要它了。船只是個方便的工具，修行的方法也一樣。

但是，到達彼岸後，不需要把船燒掉，而是把它保存起來，留給別人用。同樣地，那些已經開悟的人，不會捨棄他們的方法和修行，相反地，他們會讓自己的修行成為其他人的榜樣，孜孜不倦地身行教化，讓其他人也能越過無明的大海，這就是菩薩道。佛和菩薩為了眾生的利益，繼續開示及應用修行法門。

想要正確地修行，首先要有正確的觀念。所謂正確的觀念，其實即是「無念」。不要老是抱著「智慧」或「煩惱」的念頭不放，因為所有的念頭，即使是開悟的念頭，都是妄念。「無念」並不是心裡一片空白，在「無念」的境界中，神志絕對清楚，覺知完滿無失，只是沒有任何妄想。

要達到「無念」的層次，必須從持戒開始。經文中所提到的戒有三項：（一）不做任何對自己及他人有害的事；（二）積極去做一切對自己及他人有益的事；（三）積極去做一切對他人有益，而對自己沒有利益的事。這些都是菩薩戒，不容易付諸實行，但是，不要因此裹足不前，它們是行為的指導、立志的目標。儘管在持戒時可能會失敗，只要我們願意受持，就已經是件好事了。

受戒之後，就必須採用一個修行方法。在這段經文中，佛講了兩個方法：「不淨觀」和「界分別觀」。這些方法對欲望極強的人特別有用。對事物的追求和欲望是正常的，但是，強烈而持久的欲望，會製造許多問題和痛苦。就像兩性之間的執著和欲望，就給人們帶來了巨大的煩惱。

無可否認的，我們需要滿足生活的基本需求：我們需要衣服和住所來保暖及保障我們的安全，我們需要食物來補充能量和維持身體的健康，而大多數的人需要滿足性的衝動。這些需求和衝動是正常的，但是，如果我們過度執著任何一項需求，問題和煩惱就會隨之而來。以自戀為例，有這種執著的人，就很容易被外來的批評所傷害。

佛所開示的方法，可以幫助人們減輕牢固的執著，進而把它們根除。如果能老實精進地修習這些

方法，就比較不會被外境、他人或自己的身體所影響。當然，人們仍然需要食物、衣服甚或性生活，也會繼續與他人及環境互動，但是痛苦會比較少。最好將身體與環境的互動看成是自然的常態，不要對它們太過執著，有了執著，痛苦就會接踵而至。還有，修行人應該視身體為四大的組合，可以用不淨觀反問自己：「這個如幻的身體是什麼？」

我們的身體與身外的環境，都是四大——地、水、火、風——所合成的，這四個元素聚合、相互作用，然後分散，在這當中，能有永恆的身體嗎？

有一個學生向我建議，應該把佛經現代化，用分子和原子來取代四大，因為化學家和物理學家，已經使我們對這個世界及宇宙有了更深入的了解。釋迦牟尼佛不知道現代的分類法，他引用的是印度早期的觀念。四大對大多數人來說更真切，更容易明白；而原子物理的世界是抽象的，只有少數人能懂。舊系統雖然不完全正確，卻有簡易的好處。

當我們審察自己時，通常會認為自身的存在有兩個層面：物質的層面和心理的（精神的）層面。廣義的延伸，物質的身體可以包含所謂的客觀世界，或是我經常提及的環境、外在的事物或現象。我們通常認為身體就是自我，而環境則是與我們互動的事物。我們認為身體是屬於自己的，而且有恆

常性,這是錯誤的。我們的身體,雖然原本由母親的子宮所生,但出生以後,就已經完全變了。身體時時在變,我們吃進食物,將它轉化成能量和身體的一部分,然後排出廢物;我們所喝的水,最後以汗或尿的形式離開身體;我們吸入空氣,利用氧氣而呼出二氧化碳。總之,身體的新陳代謝需要持續地攝取、轉化和排泄各種物質,所以,身體是四大相互作用的結果,它一直在變動中。

當四大的相互作用與心結合,自我的意識就產生了。但是,心不是固定的實體,如果我們將每個心念從相續遷流的心念中分離,就會發現,除了這些個別的心念之外,並沒有心或精神的存在。心的存在,緣於個別心念的相續。四大的組合,使我們有了身體的意識,無盡相續的心念,則使我們有了心的意識。身和心的組合,產生了所謂的「自我」。

我問過一個學生:「你可以描述一下你的女朋友嗎?」他說:「她是四大的獨特組合,有一個心和一顆心臟。」我告訴他:「雖然你能準確地談及四大,卻不能了解,也無法描述她的心。」事實上,即使是那個女孩,也不了解自己的心。她也許會說「我愛你」,但可能不清楚什麼是愛。心的存在也一樣,是個抽象的概念,如果具體地談論它,

必然會得到以下的結論：心只是一連串相續的心念，其實根本就沒有所謂的「心」。

我們的生命不斷地流逝，而我們表面上已經擁有的東西更是如此，所以，我們應該珍惜當下，善用當下；如果能做到這一點，當生命中的事物來了又離去，我們就不會受到太大的煩擾。此外，我們必須知道，身體與外境不是分離的。因為身體與外界不斷地交換物質，自我和他人，或是自我與外界，就不能絕對地劃分。你的身體是我的身體的一部分，我們的身體是環境的一部分，我的任何部分最終都可能成為你的一部分。在宇宙不斷變易的漫長過程中，誰能知道自己身體的元素曾經在何處待過？

此刻，我們在室內分享空氣，我吸入你呼出的空氣，你也吸入我呼出的空氣。不只呼吸如此，我們的身體時時刻刻都在空氣中散發物質，這聽起來很不衛生，但你能否認這個事實嗎？你真的以為自己不曾從別人身上得到任何東西，也不曾將身上的任何部分轉給他人嗎？

修行要得力，就必須使自己從世間相中脫離出來。凡是可以得到的，就可能會失去，生命就是如此。我們應該將世間的一切事物、一切眾生，視為自己的一部分，這是一個能幫助我們減輕煩惱的好

方法。藉由觀想及禪修，我們會體認，自身的存在是暫時的，卻又不能否認它的存在。因此，我們應該好好照顧自己的身體和周圍的環境，善用它們，用來利益他人、利益自己。

善男子！此虛妄心，若無六塵，則不能有。四大分解，無塵可得，於中緣塵各歸散滅，畢竟無有緣心可見。善男子！彼之眾生，幻身滅故，幻心亦滅。幻心滅故，幻塵亦滅。幻塵滅故，幻滅亦滅。幻滅滅故，非幻不滅。譬如磨鏡，垢盡明現。

佛陀進一步闡述身、心的瞬變性。身是四大與六根（眼、耳、鼻、舌、身、意）的組合，而心是六根與六塵（所見、所聽、所嗅、所嘗、所觸及所想）的交互作用所產生的。所有事物都在不斷變遷中，念頭不停地來去，身體和環境不斷交互作用，起、滅、生、死──一切都在變動。

但是我們都相信存在：我們存在、世界存在、佛存在。然而，是誰在感知這個存在呢？是你的自我，那個與他人的感受及思惟相隔離，不被觸及的自我！對自我存在的念頭，是每個人所獨具而不共的。那麼誰是這個自我呢？自我就是心，而此心僅

是一連串無盡相續的念頭,念頭與念頭之間,沒有任何東西,因此,我要問:「什麼是心?」

心只是一個幻相,不是一個實體,這是正確的知見。但是,如果真的如此,是誰在讀這些文字呢?是誰在思考這些觀念,並宣稱無心、無我呢?

如果我問你:「你的心是真的,還是假的?」你會陷入窘境,無法回答。你可能會說,心是真的、實在的、持久的。但是,如果你的心能理解我說的這些話,那麼它就在動,在動、在變化的心,就不是真實的;而如果你的心不在動,你又如何能閱讀這些文字,思考我所說的話呢?相反地,如果你說心是假的,根本不存在,那麼是誰在閱讀這些文字呢?你又如何能思考及閱讀呢?所以,我們最好不去碰這些問題。

讀佛經並相信佛所說的話,是非常重要的。要相信「法」是從圓覺的境界所說的,要相信佛不會誤導我們。心是虛妄、瞬息變遷的,如果能直接親身體驗這個道理,就開悟了。當妄心消失,妄心的幻性亦即消失,這就是證悟。

妄心依外境而起,更確切地說,它是外在的「塵」與身體的「根」相觸互動而生的。「心」這個概念,在覺受、身體,以及外境的交互作用中生起。客觀地說,我,聖嚴,只是一個有形狀、輪廓

和顏色的肉團，我也能發出聲音。由於人類對經驗的記憶，使你們對我的形狀感到熟悉，又因為你們聽得懂從我口中發出的聲音，所以就稱我為「人」。

聽到這裡，大家應該明白：沒有任何事物存在於自我之外──無身、無心、無外界。即使是精神，也是自己所造的，是你的心所經歷的。沒有心，你就只是個肉團；沒有心，你不可能對我所說的話以及外境有所反應。沒有任何外物獨立於心而存在，雖然說我們的感受和知覺塑造了我們的世界，但它們仍然屬於心的範疇。

常識告訴你：「我存在。」你相信自己有一個心，也相信有一個外在的世界；在這個外在的世界裡，萬物存在、其他眾生存在、上帝存在；然而，如果沒有心，這一切就都不存在：沒有世界、沒有其他眾生，也沒有上帝。要是你知道自己的心是虛妄的，知道它僅是相續不斷的一個個念頭，那麼，所有外在的事物也當然都是虛妄的。直接體證這個空性，就是開悟。開悟時，你會了知，心和心所覺知的外物都不存在。

聽我這麼說，開悟似乎很可怕，誰願意到一個什麼都沒有的地方去呢？如果我邀請你到一間房子裡去，並告訴你，進去後，所有的東西──包括你

的身、心和整個世界——都會消失,你會接受我的邀請嗎?其實,釋迦牟尼佛說的不是這樣的地方。當我們說身、心、外界在開悟時都會消失,那只是言語的方便,它並不意味著世界會變成空無所有,「消失」只是針對其虛幻的層面和性質而言。

身、心和外境的存在都是虛幻的,所以,它們的消滅也都是幻滅:當虛妄的事物消滅時,這「滅」本身其實也是虛妄的。那麼,什麼是真的呢?唯一的真相,唯一的真理是:一切事物都是瞬息變遷的,對這個真理的如實了知,就是證悟。

開悟的人不會否認事物的存在,石頭仍是石頭,不會消失。但是,他們如實地知道,沒有任何事物有持續不變的存在,一切都在恆常地遷變,我們不能說,同樣的事物從這一刻到下一刻持續存在著。妄心即是恆常遷變的心,虛妄的世界即是不斷轉變的世界。我們不能說,開悟後,了知心是妄心,而身體卻不是虛妄的,如果這麼說,身體就是真實的了;問題是:如果心不存在,而身體存在,那也只不過是一具死屍,如果真的那樣,開悟就很簡單了:只要等到死亡降臨,成了死屍後,每個人都會開悟!

經文把心比喻成一面鏡子。如果鏡面汙濁蒙塵,就不能有效地反射,鏡子前的物體不會清晰地

映現。一旦掃除了灰塵，鏡子即可再度如實地反射影像。覺者的心，因為清除了煩惱，就像一面乾淨的鏡子，能清清楚楚地覺照。

煩惱就是「自我」。如果有「自我」，就有知見，就有「我和你」、「自與他」的分別。有了區隔和分別，對立、逃避、愛戀和欲求就會接踵而來。只要我們緊抓著「自我」的觀念不放，就會覺得有個外在的世界，就會想要擁有一些事物，逃避另一些事物。「自我」帶來煩惱，而煩惱反過來強化「自我」意識。只要「自我」還存在，你就不能如實地認識任何事物，你的認知都是主觀的，皆由自己的特定觀點分別而來。看任何事物時，你無法不給它貼上價值標籤、不加以評判、不拿它與其他事物比較，這就是妄心。而如果沒有了「自我」，心並不會停止運作，在沒有煩惱，也就是沒有「自我」時，停止運作的是分別心，它被智慧心所取代了。

古代的鏡子是銅做的，銅被磨到可以反射影像時，就成了鏡子；同樣地，當煩惱及「自與他」的觀念被清除後，心就變得光亮、清晰、明照，能如實確切地反映所有事物。對覺者來說，沒有一個所謂的真心。如果有人說，他有一顆開悟的心，那麼他就仍有「自我」意識，有「自我」，就有煩惱，

有煩惱，則尚未證悟。對凡夫來說，有開悟這回事；而對已證悟的人來說，一般人所認知的心，已不復存在，當然，他不是死人，不是行屍走肉。

　　善男子！當知身心皆為幻垢，垢相永滅，十方清淨。善男子！譬如清淨摩尼寶珠映於五色，隨方各現。諸愚癡者，見彼摩尼實有五色。善男子！圓覺淨性現於身心，隨類各應，彼愚癡者，說淨圓覺實有，如是身心，自相亦復如是！由此不能遠於幻化。是故我說身心幻垢，對離幻垢說名，菩薩垢盡對除，即無對垢及說名者。

　　一般人不了解身、心都是幻化的，有人把摩尼寶珠所反射出的形狀和顏色視為真實的，同樣地，身、心和外境也被人們當成是真的。

　　我們的心原本與佛心等同，圓滿而清淨。但是，因為產生了擁有身、心的認知，生起了身、心與佛心分離，存在於佛心之外的錯誤觀念，因此失去了圓覺，唯有修行才能把它挽回。當我們了悟身、心都是瞬息變遷、不真實的，圓覺就回來了，覺悟可以當下頓然而來。人們總是把完滿的覺悟與身心的幻相對比，其實，這對比本身，正是問題的

癥結，袪除了比較，即是覺悟。覺悟是不能通過脫離幻相而證得的，因為，如果覺悟是與幻相分離的，它就不可能被證得。

「幻相」與「覺悟」都只是名相，談論這些東西是無關緊要的。老實說，談論覺悟與幻相是在浪費時間，但因為有人需要聽這些道理，佛經也就因此存在了。

如果桌子裡有個木栓，你可以用槌子打入另一個木栓，將它擊出，當然，結果是新的木栓將洞孔塞住了。你可以一次又一次地重複這個無意義的過程，它至少能讓你更清楚地知道洞孔是空的。當你能夠確定地說：「現在我知道洞孔是空的了！」就再也不需用一個木栓來取代另一個木栓了。這是對佛法和修行的譬喻，每個人都必須親身體驗自心的虛幻本質。

善男子！此菩薩及末世眾生，證得諸幻滅影像故，爾時便得無方清淨。無邊虛空，覺所顯發。覺圓明故，顯心清淨；心清淨故，見塵清淨；見清淨故，眼根清淨；根清淨故，眼識清淨；識清淨故，聞塵清淨；聞清淨故，耳根清淨；根清淨故，耳識清淨；識清淨故，覺塵清淨。如是，乃至鼻、舌、身、意，亦復如

是。

　　唯有修行，我們才能體悟到六根、六塵、六識都是幻化而無常的。修行是個過程，開始時，我們被妄想所纏縛，藉由修行，我們會進入下一個階段，覺知身、心和環境都是虛幻、空而不實的。但這不是修行的終點，繼續下去，我們會了知「空」也是虛幻的。這就是修行的過程：開始時，我們沉浸於現象世界中，繼而進入徹底空的境界，最終則重新進入現象世界。

　　聽我這麼說，你可能會覺得修行是讓人兜著圈子走的旅程，但是，到了第三個階段的人已經不是普通人了，他在完全證悟後，又積極主動地重入世間，幫助那些仍為幻相所纏縛的人。第二個階段可以說是一個消極被動的境界，這裡什麼都不存在，沒有無明也沒有智慧，沒有輪迴也沒有涅槃，沒有自我也沒有眾生。到了圓滿、徹底覺悟的第三個階段，一切處所都是清淨無染的，換句話說，無明即是智慧，輪迴即是涅槃。

　　淨土宗的修行人發願往生淨土，而眾生所感得的淨土，依修行的工夫，有許多不同的層次。如果修行人的心中充滿煩惱和分別，對他來說，這個世界是不完美、不乾淨的，與之對比的淨土則是一個

完全清淨、令人嚮往的地方。但是，如果修行人的心純潔清淨，對他來說，這世界也就純潔清淨，那麼，處處皆是淨土。從這個意義上看，淨土與禪是完全等同的。心外無淨土，也就不必向外追尋淨土了。當心清淨，淨土就會現前。但是，請告訴我：如果心是純潔清淨的，有此心的人是誰？真的有心嗎？只有修行已經獲得深厚體驗的人，才能真正回答這個問題！

在臺灣的某次禪七中，一位禪眾有了一個初淺的經驗。當他走出戶外時，所有的事物看起來都那麼美麗而可愛。他被一隻狗強烈吸引著，便朝著牠走去，這隻狗舔他，他也回舔這隻狗，他覺得很快樂，所以希望這隻狗也快樂。當他看見人們在屋前掃地，覺得很奇怪，因為，對他來說，世界是如此的清淨無垢。這是開悟嗎？不是。這樣的經驗屬於修行的第一個階段，他的心仍在分別，仍然覺得周圍的環境與自身是分離的。不過，這個經驗雖然初淺，卻是有用的。

如果我們只用眼睛看世界而不加以思考，世界就會是純潔清淨的嗎？有一次，我問課堂上的學生，是否曾在如廁後，看一看自己的排泄物。有一位學生說是。我接著問他：排泄物是否很髒？他說不知道，因為他只是看著它而已。我於是說：「如

果是這樣,你願不願意將排泄物拿起來,再仔細看清楚?」聽我這麼一問,他的看法就改變了。

有一次我看見一位母親正在幫小孩換尿布,我說:「哎呀!裡面看起來好髒啊!」這女士回答:「一點也不髒,這太好了!」她聞聞尿布,笑著說:「這聞起來真好!」她很高興,因為這小孩能健康地排便。有些醫療人員的工作,就是檢驗大便,分析大便來診斷病情。

乾淨、純潔、骯髒,這些都是主觀的字眼,它們的意義隨著個人的經歷而改變。乾淨和骯髒只是我們心中的觀念,只要你的心清淨,外物也就是清淨的。

我認識一位糖尿病患者,他的一隻腳腐爛了。在整個患病的過程中,他都非常小心地保護自己的腳,用盡方法讓它變好。可惜的是,他的腳最後還是被切除了。當醫生問他是否想看那隻被切下的腳時,他厭惡地回答:「我才不想看那個骯髒腐爛的東西!」

當腳和身體分離後,他就不再視它為己有了;而當它仍與自己相連時,卻是非常寶貴的。其實,這兩種看法都是主觀的。在第一個層次的體驗中,乾淨、純潔和骯髒的概念都是完全主觀的;但是當你的心到達清淨的層次,你所看到的一切事物──

外物及身體——即都是清淨的。

有一則著名的公案，學生問他的老師：「什麼是佛？」老師回答：「一堆乾狗屎！」

佛和狗屎是同樣的東西嗎？如果佛是清淨的，那麼狗屎也是清淨的嗎？如果你的心是清淨、純潔的，你會不加思索地說佛是清淨的，但是你會說狗屎也一樣嗎？如果身、心都是清淨的，還刷牙、洗臉做什麼？吃飯時，為什麼不端碗大便當菜吃呢？為什麼還要洗澡呢？

這些問題很荒謬！我之所以提出來，是希望大家不要曲解清淨的意思。佛經上所謂的清淨，是心的清淨。雖然外物自身是清潔、純淨的，我們仍須加以區別，畢竟，糞便是糞便，食物是食物。我們還是要用常理來分辨，我們仍須洗澡和刷牙，我們要有智慧去避免怪異和有害的行為。

修行的路有幾個層次：第一個是虛幻的層次，但我們身處其中卻不自覺；在第二個層次時，所有的事物看起來都是虛幻、不真實的，這是對自我中心與世界的否定；到了第三個層次，我們又回到平常、普通的世界，雖然證悟了，我們仍過著正常的生活，也知道常理中，什麼是乾淨或不乾淨的。

在證得無上正覺後，釋迦牟尼佛曾說：「一切男子是我父，一切女人是我母。」但是，當自己的

父親去世時,他仍然參加了葬禮,並參與抬棺。雖然在佛陀眼中一切平等,他仍視父親為父親,並做了應該要做的事情。

> 善男子!根清淨故,色塵清淨;色清淨故,聲塵清淨。香、味、觸、法,亦復如是。

經文以根、塵、識這三個類別來探討自我與外界的互動。如果心是清潔、純淨的,那麼根、塵、識,即皆是清潔、純淨的。從哪個類別開始都無關緊要,這些分類都是用來將佛法的方便解釋得更好。如果根、塵、識任何一類是清淨的,其他的也必定皆是清淨的。必須強調的是,一切都從「心」開始。

> 善男子!六塵清淨故,地大清淨;地清淨故,水大清淨。火大、風大,亦復如是!善男子!四大清淨故,十二處、十八界、二十五有清淨。彼清淨故,十力、四無所畏、四無礙智、佛十八不共法、三十七助道品清淨。如是乃至八萬四千陀羅尼門,一切清淨。

對一個已經證悟的人,一切界——從凡夫界到

佛界——無處不清淨。這段經文名相多而複雜，意思卻很清楚：當心中沒有了煩惱，所有事物就都是清淨的。

地、水、火、風四大，描繪了人類的色身以及所謂的客觀世界，十二處包括了六根和六塵，加上對應的六種心理活動，即為十八界。二十五有包含了在三界——欲界、色界、無色界——之中輪迴的各種眾生，而十力、四無所畏、四無礙智、佛十八不共法，都是佛的智慧功能。

三十七道品是修行的方法及準則。這裡我們不需要細述這些方法，重點是，如果我們能讓心專注、正念分明，並精進地避免不善的身、語、意，就包含了所有的三十七種方法。

八萬四千陀羅尼門，指的是能讓眾生步入覺悟之門的無量無數方法。陀羅尼可直譯為「總持」，意思是，所有的方法都是互緣、互相貫通的。掌握了一種修行方法，亦即掌握了所有的方法，所以，不需要去分別掌握所有的陀羅尼門。這就好像一間有五十扇門的房子，只需通過一扇門，就能進入房子。如果你能精通一個方法，或完全了解一部經，那麼，你就已經掌握了所有的方法、所有的經。禮拜一尊佛，即禮敬了一切諸佛。當你圓滿的證悟後，你的功德和智慧就包含了所有的功德和智慧。

修行時必須切記，每一種方法都一樣好。如果你不斷改變方法，那是在愚弄自己。方法不會變，是你自己在變。一再改變方法，就像是要進入一間有五十扇門的房子，還沒轉動一扇門的把手，就又去試另一扇門。這樣下去，所有的門都會被你碰過，而你呢，卻仍在門外徘徊。修行應該持之以恆，必須有恆心地應用方法。

參加過許多次禪七的禪眾，有時候會向我要新的方法，他們覺得，每次禪七不用新的方法，就是停滯或失敗的表現，這種情況很普遍。我告訴他們，雖然方法是一樣的，下手的關鍵和運用的方式，則需變通，因為對修行投入的程度在改變，修行人自身也會隨著時間和經驗的累積改變。剛開始時，大部分的人連門都沒見過，也不知如何去找；一段時間之後，到達門前時，他們可能不敢相信或者認不出這就是門；而知道那就是門以後，還不一定知道開門的技巧；再往後，也許找到了技巧，卻仍然無法把門打開，無法跨過門檻。這個過程代表了修行的不同階段，而我的指導也必須隨之改變；方法或許依舊，但其他一切都在改變。

我們不需要解釋所有的陀羅尼門，同樣地，也不需要解釋本段經文中提到的所有名相。譬如說，什麼是純淨？我們可以說杯裡的水是純淨的，但是

杯子呢？許多人到禪中心來，他們也許都是乾淨、整潔的，但是當他們離開後，禪中心變髒了、空氣汙濁了。只要有「存在」這回事，不純淨也即是必然的，一切類別的事物，從四大到八萬四千陀羅尼門，也都一樣。要想了悟一切事物都是清淨、超越了概念上的汙染的，就必須袪除所有的名相、觀念和思想，唯有如此，清淨才會現前。

如果我們挖空心思，以分析和分類的方式來了解這些名相，只會製造更多煩惱。你真的想了解八萬四千陀羅尼門嗎？告訴你，在圓覺中，無一物可執著，沒有眾生，沒有成佛的次第，沒有佛。

哲學、宗教和科學以不同的方式，解釋身、心以及世間現象的運作。佛教把心解釋成一連串不間斷的念頭；如果把這些念頭分開，則無心可尋。心看起來似乎存在，但這僅僅是身體與環境的交互作用使然，眼睛感受光、耳朵接收聲音等，而心在所謂的時間與空間中覺知了這些訊息。

我們過去所累積的經驗和知識，以及對未來的憧憬和幻想，都無法與外在的環境分離；離開了外在的環境以及與環境接觸的身體，便沒有所謂的心。

對已經開悟的人來說，沒有心、沒有眾生、沒有外在的環境、沒有佛、沒有煩惱、也沒有智慧。

但是，只有證悟的人才能說這樣的話，對於凡夫，四大以及八萬四千陀羅尼門都仍然存在。

> 善男子！一切實相性清淨故，一身清淨；一身清淨故，多身清淨；多身清淨故，如是乃至十方眾生圓覺清淨。

我要提醒大家，這些話出自徹悟的覺者，而非凡夫。但是，如果我們也能悟入自性，就會覺佛所覺，實相就會現前。我們會覺知宇宙中的一切事物，從來都是清淨的，未來也會如此；直接了知這一點，就叫作開悟。

在已經開悟的人眼中，一切都是佛性，當然，這是非常難以達到的層次，唯有老實、精進的修行，才能讓心不被煩惱所動，並維持這個狀態。

釋迦牟尼佛不是從相對或比較的角度來說「清淨」，他所說的是絕對的清淨。光明是一種相對的現象，如果我把所有的燈關上，房間就變暗了，但不是完全的暗，因為光仍從窗戶透進來；只要將燈一個一個地再打開，房間就會愈來愈明亮，這些都是相對的比較。在甚深三昧的境界中，光明的示現是發自內在的，無法以燈光、日光或其他光來比擬；三昧的光是絕對的，同樣地，覺悟的清淨也是

絕對的。

當我們分別清淨與不清淨、乾淨與骯髒、好與壞、多與少，所用的是煩惱的心。我們總是在比較、分類和評價，我們排斥臭襪子的氣味，卻為香料和香水的芬芳所顛倒。其實，氣味只是自然現象，是我們自己產生了偏好。眾生總是有分別的傾向，然而，對那些已達到無分別境界的人來說，一切事物都是絕對清淨的。如果你能覺知自己的本性是清淨的，那麼，在你眼中，自己的身體、環境和整個宇宙也會是清淨的。對已開悟的覺者，一切眾生都是佛，一切處所都是佛土；花朵、山巒、垃圾和糞便，一切都與佛無異。

這是否意味著：開悟的人已經失去了判斷世事的能力呢？不是。開悟的人不會去吃自己的糞便，也不會故意服用毒藥；開悟的人不是傻瓜，他們知道什麼是好的，什麼是壞的，清淨是針對心來說的，指的不是外在的現象。

在特殊的狀況下，開悟的人可能會用神通去做異於平常的事，但那是為了特殊的目的。開悟的人，身體和平常人一樣，也會生病。禪宗不強調神通，它所強調的是煩惱的袪除和本性的直下體見。禪師極少示現神通，他們強調的是日常生活中的修行。藉由修行，煩惱會逐個消失，心也就逐漸淨

化。一旦證得圓覺,即一物亦不留,包括心在內;如果心中還有任何東西,即使只是一絲自生的念頭,執著就仍然存在。

> 善男子!一世界清淨故,多世界清淨。多世界清淨故,如是乃至盡於虛空,圓裹三世,一切平等,清淨不動。

佛從一個眾生的清淨,逐一說到宇宙平等不變的本性,這是籠統的陳述,但也是真的。只有心已經清淨的人,才能了知宇宙的不變本性。我們的心通常猶如一間雜亂的房子,藉由修行,我們整理好房子,騰出空間以方便行走;但這個比喻不完全正確,因為這種清淨是相對的。如果把心比喻成黑板,把煩惱看成粉筆的痕跡,我們可能會認為:修行就是將黑板上潦草的筆跡擦去,也就是把心中的念頭和煩惱逐漸袪除,使它變得清淨、光明。但是,當所有的筆跡被擦去,只留下乾淨和空白的黑板時,修行仍未結束;因為,一個空白而清淨、光明的心,仍然是一個心。只要還有個心存在,執著就仍然存在,也就尚未證得完全的解脫。

在證得圓覺時,一物亦不留,但一切亦都包含其中。佛教把宇宙分成兩個物質界與一個精神界:

身體與所謂的客觀世界，組成了這兩個物質界；而身體與外境的交互作用，構成了精神界。通過身體與外境的交互作用，眾生經歷了痛苦與喜悅、過去與未來、時間與空間。當一個人圓滿地覺悟後，這三個界即不復存在，也就不再需要修行了。如果身體、客觀世界和它們的交互作用都已不復存在，還有修行的必要嗎？

到了這個地步，就不再有任何執著了，時間和空間無窮無盡，不再有過去和未來、大和小等局限的概念，也不再有任何的分別。佛性遍及一切，一粒沙與無邊的虛空一樣浩瀚，一剎那也包含了所有的時間。

時間和空間都是一種執著。如果我們不被自我所局限，就超越了時間和空間的束縛。小和大是平等的，過去和未來是平等的，精神和物質也是平等的。當所有事物皆是平等，所有一切都包含在內，這才是完全的解脫。

善男子！虛空如是平等不動，當知覺性平等不動。四大不動故，當知覺性平等不動。如是乃至八萬四千陀羅尼門平等不動，當知覺性平等不動。

空間無處不是平等而不變的，無始以來即是如此，在無盡的未來也必將如此；空間沒有形狀，因此它可以成為任何的形狀。美國的空間和東方國家的空間有所不同嗎？有時我在想，或許真有不同，因為每個人都想搬到美國。中國人常說，美國的月亮比較圓，當然，不同的是兩地的環境。無論你在哪裡，空間都是相同的，佛性也一樣。雖然我們都有各自的形體和思想，我們的佛性卻都相同。

當六祖惠能初見五祖弘忍時，弘忍問：「你從哪裡來？」惠能回答說，他是從中國南方的偏僻地區來的。弘忍所住地方的百姓認為南方人是野蠻人，弘忍接著問：「你是野蠻人，野蠻人怎麼能成佛？」惠能說：「人有南北之分，佛性卻不分南北！」弘忍立即知道，惠能不是個平凡人。

大多數人依著自己的見、聞、經驗來做分別，即使今天，仍有中國人把西方人看成野蠻人或「洋鬼子」，理由很無稽：因為西方人有體毛。而西方人呢，也輕視其他的種族和國家。即使是動物也會有所歧視：一隻小狗在自家內，會對經過的陌生狗狂吠，雖然那隻狗可能有牠的兩倍大。人和動物都能分別場所和形狀的不同，當他們緊抓著這些差異而固執己見時，煩惱自然便出現了。

佛性是「平等不二」的，時間和空間也一樣。

「平等不二」意味著空間處處毫無分別；這個空間和那個空間沒有什麼差別，這個時間和那個時間也沒有什麼不同。

如果所有事物都有相同的本質，就不應執著於任何一物；只要放下所有的執著與分別，就能發掘自己的佛性。

既然我們皆有佛性，你願意與別人分享嗎？你願意分一些佛性給別人嗎？這些都是無意義的問題。佛性遍及所有事物，我的佛性即是你的佛性，亦是所有其他人的佛性。但是，這並不意味著如果我們都發掘了佛性，就會成為同一尊佛。

確實，佛性平等不二，時間、空間、形體皆不存在；但是，佛仍有各自的力量和誓願，他們也依舊幫助眾生。眾生認為佛是活生生的個體，佛卻不這麼看自己，他們覺知所有的時間、空間、形體都是平等的，所以並不覺得自己在行動、在改變、在幫助他人。那麼，佛在哪裡呢？所有的事物，小的或大的，有情或無情，都是佛，即使是最微小的事物，也是圓滿的佛。佛無定處，所以，任何微塵皆包含了一切諸佛的總體。

當我坐在這張椅子上，占據了這空間，別人就不能坐在這裡了。沒有人能同時住於別人所處的空間，但是，如果我們的身體不存在，那麼，一個房

間就可以輕易地容納全世界的人，我們也可在一粒沙上面跑馬拉松，而一粒沙即包含了整個宇宙。

大多數人是無法接受宇宙就在一粒沙之內的。只要我們仍起分別，仍用自我中心的觀點來經驗世界，一粒沙將永遠是一個小點。只要我們仍在觀念上執著於自己是誰，執著於自己所處的情況以及自己的喜好和厭惡，那麼我們的世界就會是非常微小的，我們只能從個人生活的窄小視野中去看每件事情。我們的世界是由我們的執著和自我中心所創造出來的，如果能放下自、他及世間現象的觀念，世界就會變得無限寬廣。

我認識臺灣的一位名人，他娶了一位很有魅力的年輕女子。有一天，他的妻子和一位美國人私奔到香港，有人力勸他採取行動對付他的妻子，但是他說：「不必這麼做。如果她真的愛這位美國人，那麼他們兩個人應該在一起；如果她最後認為我還不壞，而回到我身邊來，那表示她仍然在乎我，應該和我在一起。如果這美國人真的在乎她，那麼她一定是個令人喜愛的人，表示我沒有看錯她。」過了不久，他的妻子回來了，他為此舉辦了一個盛大的晚宴，並向他的朋友說：「這個婚姻就像鑽石一樣，打不破，也不會變壞。」

如果我們的心態與這位男士一樣，當我們遇到

不如意的情況時，就不會太痛苦。但是，這仍然不是萬物皆平等不變的最究竟層次。

　　這段經文也指出了我們的身體基本上的不變本質。當然，我們一出生就開始逐漸變老，形體也無法維持不變，但是我們身體的組成──四大──實際上沒有改變。「四大」不會從宇宙中消失，它們不能被創造也不能被消滅。例如，我們洗臉時用的水，從排水管中流出後，流向河川、海洋或湖泊，最後形成雨露，成為植物、動物或另一個人的水分；水就是以這樣的方式轉變。我們的身體時時刻刻在改變，它的成分和結構不斷在變化和生滅，但是四大不會消失不見。

　　這並不是說所有的事物都是相同的，要不然，我們大可以切下大腿來做飯，這不是經文的意思。我們不能因為有了「所有事物皆是相同的」這個觀念，而忽略了它們之間的差異；我們應該知道的是，在開悟的境界裡，根本就不會對任何形相起執著。

　　我常常說，修行的目的是為了進入禪門，但實際上並沒有門。如果有門，它和我們就是分離的。因此，禪宗說：「無門為門。」當你藉由修行而入門時，你就會發現根本沒有門可入。禪不是一個地方或一個目的地，禪是一種覺醒。

前些時候，我在哥倫比亞大學演講，場地是地下室的一個講堂，演講結束後，我們走錯了路，在大樓裡繞來繞去，開了一扇又一扇的門，好像老鼠走迷宮似的。最後，我們走出了一個看似在屋頂上的網球場，周圍有更高的建築物環繞。那時我們想，可能要爬上其中一個防火梯到更高的屋頂去求救，但是，當我們進入網球場邊的一扇門，爬了一段樓梯之後，卻發現又回到了大街的那一層樓；原來我們剛才根本沒有到過屋頂。

禪門也是如此，如果你全心全力修行，必將達到終點，然後發現，根本就沒有門。

> 善男子！覺性遍滿，清淨不動，圓無際故，當知六根遍滿法界。根遍滿故，當知六塵遍滿法界。塵遍滿故，當知四大遍滿法界。如是乃至陀羅尼門遍滿法界。

這一段經文和上一段經文都與覺悟的本質──覺性──有關，同時也談到六根和六塵，指出它們是普遍和圓滿的。如果一件事物是普遍的，就不會有此與彼的分別；如果一件事物是不變的，它必定是圓滿的；只要任何一件事物是普遍和圓滿的，一切事物必皆如此。在圓滿與普遍當中，不可能遺漏

任何事物。

覺悟以前，六識是雜亂不淨的，總是被外境所轉、所影響。證悟後，我們會發現六識並不真實的存在，雖然如此，證悟後的「六識」會以更加清淨的方式繼續運作。

大多時候，我們的意識只能集中於當下所覺知的事物上，它的作用被感官所固定。我們被這不斷變化的現象世界牢牢地綑綁著。當事物在動時，我們也跟著動，因此我們處於一種不斷被牽著變動的狀態中，在這樣的狀況下，我們不可能成為意識的主人。當然，我們可能會認為我們是自己的主人，但這只是一個自欺的幻想。事實是，我們不斷受外物的影響，不斷隨著外物起反應。

開悟以前，六識的活動是極其局限的，因為我們服從於自己的感官，停留在感官所覺知的範圍內，這正是生命中煩惱的起因。誰能不被自己的感覺所轉、所影響、所控制呢？我們尚未解脫，因此無可避免地經歷著由感覺和認知的執著所衍生的痛苦。證得圓覺後，名義上六識已不復存在，雖然它們還會繼續運作，卻沒有了界限，遍及一切空間與時間，不再被自我執著所限制。在覺悟的境界中，六識皆已轉成智慧。圓滿的智慧無處不在，從美國、中國到全世界，遍及整個宇宙，但是，仍有無

數的人未曾見過它。

聖經上說，上帝的恩澤普及一切處，就看你能不能感受到它。就如同空氣一樣，如果我們把鼻子和嘴巴塞住，就無法呼吸了，但是空氣仍然在我們的周圍，沒有消失。這也有如給天生的盲人解釋夕陽的情景，不管我們怎麼描述，他還是無法得到清楚的印象，而太陽仍舊出落照耀。

六識、六塵和六根是我們生活中最重要的部分，但我們真的知道它們是什麼、在哪裡，又真的擁有它們嗎？你也許會說，如果我們沒有感官，就無法區別自己、他人或任何其他事物。那麼這些覺識又住於何處呢？如果你說它們是我們的心、靈魂或精神的一部分，那靈魂、精神和心又在何處呢？

意識總是和感覺同在，當你飢餓時，意識在腹部；當你頭痛時，意識在頭部；如果某人吸引你的注意，你的意識則在那個人身上。那麼，意識到底是在你的心內或是心外呢？如果有人對你吼叫，你的意識是在你的耳朵裡、在那人的嘴裡、還是在他所發出的聲音裡呢？

釋迦牟尼佛對他的弟子阿難提出類似的問題，他問：「你的心在哪裡？」阿難想：「心在身體之內、之外，還是內外之間呢？」他給不出確定的答案。佛告訴他：「根本就沒有心，沒有一種叫作

『心』的東西。」

　　經文說六識「遍滿法界」。如果真是這樣，六識不可能僅僅發自於心，也不可能只是心的一部分。「無限」不可能出於「有限」，一個有限、固定的個體，不可能遍及一切空間與時間。六識是普遍的，既然是普遍的，它們就必定是不動和不變的；相反地，任何可變的或只有特定功能的事物，都是有局限的。例如，空氣總是流動的，所以它有一定的範圍，但是，它所流過的空間則是不動的，空間是無限的。如果你到遠方去，你可以說自己的位置移動了，但是空間並沒有任何變動。空間是看不見的，同樣地，我們也無法看到六識，而與空間一樣，六識也是普遍和無限的。這一點對我們來說應該是個很大的鼓勵，因為六識如果是有限而可測的，轉識成智——覺悟的本性——也就不可能了。

　　與六識一樣，六根和六塵也是普遍和圓滿的，它們都是清淨、不動的。問題是：如果六根是普遍的，是否意味著你的眼睛、耳朵和鼻子都無限大呢？如果你的眼睛遍一切處，當我用力踩地板時，就踩了你的眼睛，果真如此，這個世界不就成了一個處處疼痛無比的地方了嗎？這顯然不是經文的意思。

　　佛所說的，是已經證得圓覺的人的體驗，這

些人不再有任何執著,他們不會說:「這是我的眼睛,這是我的鼻子。」在他們眼中,自己的身體和別人的身體無二無別。當然,有人會問:「如果你已經開悟了,怎麼不將你的眼睛、耳朵和鼻子交出來呢?」要回答這個問題,我們必須區別佛的化身和法身。法身是遍在的,與其他事物沒有間隔,佛陀在這裡所說的即是法身。

至於化身,是佛陀為了饒益眾生所示現的。二千五百年前,悉達多太子在印度誕生,修行成佛,那就是化身。化身的功能配合了佛所示現的任何區域、世界或地方的需要,所以,身體不可以被輕率地拋棄,它有一定的功用。對佛來說,身體除了可以用來利益眾生之外,並不重要。因此,對於開悟的覺者,身體不再屬於自己,覺者的身體只為了他人而存在。

證悟後,六識就成為清淨、無限、靜止不動的了。心不再到處追逐喜愛的事物,逃避厭惡的事物。在這個境界中,所有的事物也自然而然變得清淨、無限、不動。這不是說我們的鼻子會長得無限大,只是說,因為我們對鼻子和它的功能不再有所執著,它的能力反而變得無限大了。經文上說,一切事物,上至所有的陀羅尼門,皆遍滿法界。六識、六根和六塵都變得清淨、無限,而所有的陀羅

尼門——趣向覺悟的方法——也一樣，都會成為普遍、無限。

證悟的覺者已經不再需要眾多的修行方法。有一位禪師對一位讀經的人說：「這些書只不過是用過的衛生紙。」對已經開悟的人來說，所有的陀羅尼門都是用過的衛生紙，它們完成了幫助修行人覺悟的功能，對這些覺者已經不再有用，也不復存在，所以它們是清淨的。至於那些尚未發掘佛性的人，仍須禮敬佛經，遵從陀羅尼門來修行；對無數尚未開悟的眾生，無數的修行法門仍然存在。

> 善男子！由彼妙覺性遍滿故，根性、塵性無壞無雜。根、塵無壞故，如是乃至陀羅尼門無壞無雜。如百千燈光照一室，其光遍滿，無壞無雜。

證得圓覺的人，不再有所分別，一切事物都是無限的。這個「無限」，超越了存在（有）與不存在（無）。

如果我們說開悟「存在」，就已經把它與「不存在」對比了。這麼做就給了它一個特定的形式，設定了一個範圍，被固定化的開悟，不可能是圓滿、無限和普遍的。相反地，如果我們說開悟「不

存在」，可能會因此認為它已經完全消失了。如果開悟不存在，就不可能被證得，那麼，在邏輯上就會得到如果有人開悟了，會因此消失而不復存在的結論。而且，如果說沒有成佛這回事，我們會認為禮敬諸佛、研讀經典、努力修行都是沒有必要的。為了避免這些誤解，我們不能說開悟是「存在」的還是「不存在」的。

每個宗教都有無法解答的問題，而提這些問題的人，都會無可避免地陷入詭辯之中。根據佛法，「不存在」即是「存在」，「存在」即是「不存在」。這聽起來很荒謬，但實際上，它是最合乎邏輯、最深奧的教理。

以開悟來討論「存在」與「不存在」，對大多數人來說，是很難理解的，因此，我們用大家比較熟悉的事物——身體——來談談這個問題。大多數人認為，身體是存在的，但是，如果身體不是永恆不變的，它就不是真實地存在。從小孩長大至成人的過程中，身體沒有不變的形態；當人變老，骨骼會縮小、變脆，頭髮會變白，皮膚也會失去彈性。人的身體在一生中變化很大，怎麼能說它是真實存在的同一個體呢？

其實，我們「存在」於「不存在」之中。在我們的一生中，如果只吃、喝而不排泄，身體就會變

得非常巨大；每個人都這樣的話，這個世界會被人類擠滿，容不下其他東西，幸好事實並非如此。我們所得到的，最終都會失去或者被我們拋棄，我們無法占有任何事物。「存在」和「不存在」必然是同在的。

我們對名譽、權力、財富和肉體的歡愉所產生的欲望和煩惱，都是因為無法了悟、無法接受事物變化的本質而來。世間的一切都是短暫空幻的。當毛澤東還活著的時候，他一咳嗽，全中國都會為之震動；而現在死了，他在哪裡呢？他所擁有的一切又在哪裡呢？毛澤東存在於不存在之中，他不是永恆的個體。

普通人滿足了對衣、食、住、行的需求後，會開始尋求其他東西；有些人求名，而成名後，可能會追求權力來控制別人，也可能希望死後能留名萬世；這些人有著無法滿足的野心，因此，為自己及社會製造了許多問題。羨慕他們的局外人也許會認為這些人很幸運，事實是，他們活在恐懼中，擔心自己被別人傷害。他們無法相信別人，還要隨時戰戰兢兢地留心自己的每個思想、言語和舉動，那是非常痛苦的。

很明顯地，我們的確以某種形式存在著，但我們的存在不是靜態的，而是變化不息的。今生之

前，我們已經有過無數生，死了之後還會繼續受生；我們出生、老去、死亡，然後再度出生。因此，我們必須好好留意自己的生活，因為我們所做的一切，都會影響到自己。

佛法所說的無——不存在，不是虛無主義，而是一個絕對的聲明：覺悟的本質是完整、普遍、圓滿的。一切有情眾生，一切時、一切處的每一件事物，都是完全解脫自在的。

你懷疑自己的存在嗎？如果是，請你掐一下自己的臉頰，如果感覺到痛，那你就是存在的。所以，不能說佛教是虛無主義，也不能說佛教的空性指的是空無一物。佛經上說，一切事物無始以來就一直存在著，盡未來際也都如此，這和我前面所說的，似乎相互矛盾，令人困惑。

最近，有一位女士從臺灣寫信告訴我：「我的牙長了二十五年，最近被牙醫拔掉，不再是我的了！」我回信說：「不要擔心！到頭來，身體的任何部分，都不會是你的。」這其實很公平。如果你攝取食物來滋養自己的身體，那麼將你的身體還回去，轉變成別的東西，這不是很公平嗎？

蚯蚓吃掉泥土也排出泥土，那牠為什麼還不厭其煩地吃呢？同樣地，我們的身體終究會腐爛，回歸大地，你或許會問：「為什麼要如此麻煩地活

這麼一遭呢?」說穿了,我們與蚯蚓沒有太大的差別。但是,我們應該明瞭,出生是因為業力的牽引,因此,我們必須繼續這場人生。

我聽過一個關於一個男子死後轉生成一條蛇的故事。這條蛇保有前生的智能和記憶,所以牠知道今生為蛇,是業力的報應。這條蛇長得很快,需要不斷地吃東西;但牠不善於捕食,所以總是餓得難受。牠對自己說:「蛇的生活真不好過!我變成一條蛇是因為過去世做了壞事,但我也做了好事;如果結束這一生,來生或許會好一些!」於是,牠就開始想辦法尋死。一天清晨,天還沒亮,牠就爬到城門上等著白天的來臨。有人經過城門,看見這條蛇,就大聲呼叫:「快來啊!城門上有一條大蛇!」人們拿起磚頭和棍棒把牠打死了。當牠死去時,感到很高興,想著:「太好了!惡業的報應終於結束了,來生應該有好日子過了。」

你們說,這條蛇會如願以償嗎?如果這條蛇真的達到了牠的目的,那麼,當你們遇到困難時,也大可以去自殺,這麼一來,就沒有什麼解決不了的困難了。這樣的邏輯顯然有問題。這條蛇並非死於意外,牠是故意尋死的,這只會造下更多的業。我想你們已經猜到,這條蛇又轉生成了另一條蛇。當牠知道自己又回到了同樣痛苦的狀況中時,牠想:

「這太不公平了！是誰這樣對我？」

這時，有人對牠說：「你又再度成為蛇，是因為你還沒還清你的業債。你為了逃脫自己的境遇，折騰到現在，不僅要還清原本的債，還要給利息。」這蛇仔細想了一想，做了一個決定：「不管要承受多大的痛苦，我也要完成蛇的一生。」當牠下定決心時，就立刻死去，轉生為人。他因為記得前兩世當蛇的經驗，說出了自己的故事。

我們的生命就像這條蛇的故事一樣，當危險與困難來臨時，如果我們能面對它、接受它並且處理它，它就不再是危險、困難的，能這樣過生活的人是最快樂的。個性明朗、寧靜的人，比較容易在困難中找到出路，這樣的人通常比較長壽，至少他們會活得比較充實。過度害怕死亡的人，反而會比不怕死的人早死；據說怕死的軍人在戰場上，死亡的機率比不怕死的還高。

這條蛇無法逃脫自己的業力，只能接受它，盡量好好地活著。有了這樣的態度之後，牠終於正面處理了自己的執著和煩惱。我們求取開悟也一樣，放棄錯誤的觀念以後，正確的觀念才能取而代之；但是，即使是正確的觀念，也不是究竟的，因為從不正確到正確，分別還在，仍有自我和他人的概念。想要完全解脫，必須超越「正確」和「不正

確」、「自我」和「他人」的觀念。

覺悟的本質是普遍的，只要我們對任何一件事物仍有執著，就無法證悟它。相反地，如果我們能接受自身以及周遭的一切皆與永恆不變的本質無異，那麼，我們就覺悟了。

其實，我們從未與圓覺分離，只是未曾領悟它。我們不能向外獲得什麼、尋求什麼。如果覺悟是身外之物，而佛卻不把自己所擁有的覺悟分一些給我們，那不是很自私嗎？釋迦牟尼佛至少會把自己的覺悟分一點給我們吧？

事實上，佛沒有什麼可給的。從佛的觀點來看，眾生本來是佛，因為眾生本有的佛性不曾被破壞，也未曾減少過。就像百千盞燈照亮一室，整個房間充滿了無法破壞，亦毫無雜染的光明。雖然有些燈比其他燈亮，卻不會減損其他燈的光芒，燈燈之間沒有妨礙，也沒有衝突。

我們的本性與佛的本性等無差別。雖然我們仍是凡夫，我們的本質是完美、圓滿、普遍的，只因我們不能放棄執著，仍有煩惱，所以不能了知這個真理。如果我們能肯定自己原有的完美本質，且有證悟它的信心，修行就有希望了，我們必定會發現自己的佛性。如果沒有這些信念，就不可能達到目的。

想要證得圓覺,我們必須開放心靈,正視自己的潛能。將存在、不存在、完美、不完美、凡夫、佛,這些概念放開,心中自在地擁抱每一個人、每一件事物,這即是我們那普遍的佛性的自然運作。

> 善男子!覺成就故,當知菩薩不與法縛,不求法脫;不厭生死,不愛涅槃;不敬持戒,不憎毀禁;不重久習,不輕初學。何以故?一切覺故。譬如眼光,曉了前境,其光圓滿,得無憎愛。何以故?光體無二,無憎愛故。

這段經文描述了已經圓滿證悟的大菩薩境界。菩薩不會敬畏他人,也不責難他人;不看重他人,也不輕視他人;不覺得受到限制,也不覺得已經解脫。這些兩極的態度,皆由執著而來。還有這種態度的人,就仍是凡夫。圓滿證悟的菩薩,不執著於個人的感覺和想法,他們已經證得無分別、不變、圓滿、普遍、不可壞、無雜染的本性。這麼高遠的目標也許會嚇跑一些修行人,但是請記得,佛所說的是終極的真理,而我們各有各的立足點,必須一步步地向前走,繼續修行,繼續探究佛法。

釋迦牟尼佛說,大菩薩不被「法」所束縛,也不從「法」中求取解脫。這裡的「法」指的是一切

形色、一切現象，不管它們是物質的或是心理的，是「有漏」的還是「無漏」的。總之，「法」包括了四大、六根和六識──一切事物、一切心念。

凡夫執著於有漏法──與「自我」有關的活動，眾生執著地相信，這些法真實地存在；阿羅漢執著於無漏法──超脫了「自我」的法，為無漏法所束縛；而真正的菩薩，既不受有漏法的束縛，也不受無漏法的束縛。

菩薩不執著任何現象，也不刻意從現象中求取解脫。菩薩存在於「法」之中，但是，他們既不與「法」分離，也不被「法」所束縛。就像住在山裡的寒山大師，他一無所有，也毫無所求，卻也不逃避任何事物。因此，對他來說，整個世界都是自己的家；青山為床，岩石為枕，白雲為被，大海是澡盆。無論在任何環境中，他都活得舒坦自在，真的，萬物都為他所有。

接著，釋迦牟尼佛說，菩薩「不厭生死（這裡指輪迴），不愛涅槃」。凡夫執著輪迴，阿羅漢執著涅槃，菩薩於輪迴、涅槃皆不執著。凡夫不知道什麼是涅槃，無法脫離生死的輪轉，處於煩惱之中，常不自覺。煩惱根深柢固，貪戀生是煩惱，害怕死也是煩惱。其實，輪迴不只限於肉體的生死，人一生當中，就有無數剎那之間的生死──每個心

念、每個現象的起滅,也是輪迴,執著於心念和現象也是煩惱。

凡夫努力想出離輪迴、趣入涅槃。但是,涅槃是真的嗎?對佛和菩薩來說,如果涅槃和輪迴是分開的,那麼涅槃必也是短暫和有限的。因此,菩薩不厭生死,也不愛涅槃。這樣的菩薩精神,才是真正的解脫。

釋迦牟尼佛說,菩薩不崇敬遵守戒律的人,也不責難犯戒的人。從一般的標準來看,菩薩似乎毫無道德標準。大多數人崇敬守戒的人,而責難犯戒的人。但是,戒是相對的軌範,不是終極的原則。菩薩雖然自己遵守戒律,對持戒與不持戒的人卻沒有分別心。同樣地,菩薩不看重有經驗的修行人,也不輕視初學的人,但普通人對有經驗的修行人都比較看重。

我們對別人的仰慕有時候是很可笑的。如果我的行為異於常人,例如我每天只吃一根香蕉,或是晚上不睡覺,或者整天只打坐和拜佛,有些人就會認為我是個大修行人,對我更加尊敬;或者,如果我是個老和尚,人們會因此認為我很有智慧,有很豐富的修行體驗。許多年前,臺灣佛教界有一個聚會,出席的人之中有一位看起來顯然是年紀很大的出家人,雖然他剃光了頭,卻還可以看出他的頭髮

是花白的。當他到達會場時，群眾立刻包圍著他，向他頂禮。當時我還年輕，雖然出家已經二十多年了，頭髮還是黑的，我在會場待了好一陣子，也沒有人對我致意，表示尊敬。我知道那位年長的比丘出家也只不過幾年，但是人們卻因為他的年齡，假定他是一位智者。其實，年齡不一定能使人成為好的修行人或嚴守戒律的人。

至於大菩薩，因為了悟了無分別的深義，不再起分別心，也不再執著極端的見解，那全都是煩惱。菩薩所依的是真實的智慧，我們可以用平等照耀的光來形容菩薩的智慧，光不會選擇照亮一物而不照另一物。如果我們看見一個東西，卻看不見同在光照下的另一個東西，那是我們自己的問題。光不會起分別，它不會選擇照耀漂亮的東西而忽略醜陋的東西。覺者的無分別心，就像光一樣。

說到這裡，我要提醒大家，我們仍是凡夫，所以仍要按照適合凡夫的軌範來行動。對我們來說，生死依然是生死，痛苦仍然存在，而涅槃還是涅槃。我們必須避免犯戒，也應該尊敬有經驗的修行人和持戒的人，以他們為榜樣。初學者不該氣餒，但是應該知道自己是初學者。如果不做這樣的區別，就不會有人要修行，也不會有人堅持道德的操守。我們不能假裝自己是菩薩，標榜自以為是的菩

薩行持。事實是，我們的心總是不由自主地在起分別，因此，對我們來說，仍有佛法可探究、有戒可持、有方法可修行。

> 善男子！此菩薩及末世眾生，修習此心得成就者，於此無修，亦無成就，圓覺普照，寂滅無二。於中百千萬億不可說阿僧祇恆河沙諸佛世界，猶如空花，亂起亂滅，不即不離，無縛無脫。始知眾生本來成佛，生死涅槃猶如昨夢。

這段經文的最後一句說到「昨夢」。請問，回顧昨日的夢，是否意味著我們現在已經清醒了呢？大多數人做夢的時候，都不曉得自己在做夢，只有在醒來以後，才知道剛才做了夢。但是，這並不代表他們不會再做夢，過了幾天後，他們也許會再做同樣的夢，在夢中仍舊不知道自己正在做夢。

夢的覺知有三個層次。第一個層次：做夢的人不知道自己在做夢，然後就醒來了。第二個層次：做夢的人從夢中醒來之後，接著又做了相似的夢，但是依舊不知道自己在做夢。第三個層次：做夢的人從夢中醒來後，希望夢境是真實的，企盼夢能成真。這就是一般人所做的三個層次的顛倒妄夢，而

第三個層次是最虛妄的。

　　我們都在第三個層次，我們都是活在夢中的凡夫，卻不承認自己在做夢。我們有著無數的期望，有好多東西想看、想做、想擁有，我們都有偉大的理想要實現，有目標要完成；但是，多數人所追尋的，不外是錢財、名聲、地位和權力。

　　有人說，當我們一切都很順利，錢財、名譽和權力都具備時，是在做夢，而當事情走下坡，失去了財富地位後，夢就醒了。其實，這兩種狀況都是在做夢。

　　很久以前，我看過一本叫《三個夢》的小說。書中的男主角不斷地墜入愛河，與不同的女人相愛，而每一次失戀後，他總會說自己終於從夢中醒來了；但是過了不久，他又再度戀愛，重蹈覆轍，這樣經歷了三個女人。其實，作者大可無限制地繼續寫下去，何必在三個夢後就停止了呢？

　　在禪中心的一次禪七中，有一位禪眾接到他的兄弟打來的緊急電話，說他虧了一大筆錢，我猜想不是生意的問題就是股票的虧損。但是，因為精進禪修的緣故，他不覺得失去或得到什麼，就繼續打坐。禪七的最後一天，我問他對這件事感覺如何，他仍然覺得沒有失去什麼，但是，當我問到他要怎麼辦時，他回答說，要努力工作，把錢賺回來。你

們看,這個人剛從一個夢中醒來,就再度陷入另一個夢中。

心理學家一般都認為,如果晚上不做夢,而在白天醒著的時候做白日夢,人會變得不健康、不快樂。如果沒有夢,我們的生活和未來似乎會變得毫無希望;而如果未來沒有希望,活下去還有什麼意思呢?我曾經說過,佛法中真正的聖者是不做夢的。有人聽到這句話後告訴我,如果這是真的,他們寧願不當聖人,他們認為,沒有夢的生活是空虛而又沒有希望的。有這種想法的人其實不用太擔心,我們不是聖人,做夢似乎是我們的天性,而且我們做的還是最虛妄的第三個層次的夢呢!這都很自然,只要我們仍然活在顛倒妄想中,不可能不做夢。

精進的修行人做的是第二層次的夢,在修行時,他們知道,沒有一件事是永恆的,自己獨自來到這世界,也將獨自離開。這樣的體驗雖然在觀修時很清楚,它的力量和清晰度卻無法持續地維持。日常生活及生活中變化多端的狀況牽引著他們,使他們被環境所引誘,再度掉入另一個夢中。

在一次禪七中,有位禪眾因為害怕孤獨而跪著痛哭。我說:「你不知道每個人都獨自來到這個世界,也獨自地離開嗎?」他說他知道,但還是一

樣地害怕。我問他，在禪七之中仍然害怕嗎？他說不怕，但是，一回到日常生活中，對孤獨的恐懼和不安會再度來襲，他知道自己會渴望有一位可以傾訴，可以依賴的人，但是這樣的預期卻使他更加傷心。這是一位已經從一個夢中醒來，卻因為知道自己會一再陷入同樣的夢中而感到害怕的人。

在臺灣有一位想要出家的年輕女子，她的母親來見我，說她不會讓女兒出家，希望女兒能結婚。我問這位母親為什麼？她說，女兒如果出家，短時間內不會有問題，因為有師父可以依靠，但是當師父老了、圓寂後，她的女兒還能依靠誰呢？我問這位母親，她自己有誰可以依靠？她說，靠自己。因為她的先生非常沒用，而且不可靠。我就問她：「如果妳連自己的先生都不能依靠，為什麼還堅持自己的女兒非得結婚不可呢？」她說，至少她的女兒有機會找到一位可靠的先生，如果出家了，就什麼機會都沒有了。這是一位已經從夢中醒來，卻又立即為她的女兒捏造同一個夢的人。如果這位母親是位修行人，也許會有不同的想法，但是，以她當時的心態，只考慮到將夢傳給下一代。

從自身的修行體驗及對佛法的理解，修行人也許知道生活的一切都是一場夢，但是仍然無法從身、心與環境的執著中解脫出來；即使知道生命是

一場夢，卻仍然無法拒絕它，因此繼續沉淪其中。

大家都知道，我們無法時時控制自己，我們的身心彷彿能自做主張，把我們拖著跑。有些事我們本來不想做，卻不能克制住自己的身體；有些東西本來不願去想，但還是情不自禁地去想它。這是因為我們畢竟是凡夫，不是聖賢，還不能從夢中解脫出來。

第一個層次的夢即是經文中所描述的：當我們明瞭所經歷的一切，都只是昨日的夢，就超脫了這些夢的困擾和煩惱。在這覺醒的人眼中，過去所想、所做的一切，只是一個長夢，而晚上所做的夢，是夢中的夢，這樣的人是真正覺醒了，他的體驗是解脫的開始。

記憶中，我有一位年老的叔叔，他的頭腦很清楚，卻因為病痛纏身，幾乎不能動彈，需要有人照顧他。他害怕夜晚，因為夜裡沒有人陪伴，而他的睡眠又充滿了惡夢。他每晚都不斷地被惡夢驚醒，每次入眠時間都很短，只有幾分鐘，驚醒後，卻總覺得已經受盡漫長的折騰。白天還好，但是，他卻花大部分的時間在擔心夜晚的到來。白天過得很快，而夜晚似乎很漫長，最後他對白天也產生了恐懼，因為他把白天看成是黑夜之間的短暫休息。這就是他的生活。

凡夫的生命就是如此，解脫以前，我們的生命就像我這位叔叔一樣，從夢中醒來以後，片刻間又墜入另一個夢中，而且，對許多人來說，惡夢多於好夢。不修行的人極少能覺醒過來，無論白天或黑夜，他們的日子充滿了一個緊接著一個的夢。當然，除了惡夢，的確也有歡樂的夢，但是，痛苦和折磨總是比歡愉和快樂，更容易烙在人們的記憶中。而且，即使是短暫歡樂的夢，最後都會帶來痛苦，因為它們不長久，而人們卻拚命地捉著它們，不想讓它們離去。

　　想要達到永遠覺醒的層次，是極其困難的，而達到那一刻，就是證得圓覺之時。不能接受生活中沒有夢的人，是還未開悟的凡夫，無夢的境界不是他們所能想像的，這其實也無所謂，大家可以繼續做夢，畢竟，以我們目前的狀況來說，沒有別的選擇。

　　已經達到普照和圓覺層次的菩薩都能體悟到，無量諸佛為了救度眾生所做的事，都只不過是空中花，無盡無數地起滅，這些花不是真實的，它們只是看起來彷彿有生有滅。

　　證得圓覺以前，輪迴和涅槃是有的。對未悟的人來說，修行的目的是為了脫離輪迴，進入涅槃；但是，對於徹悟的人，輪迴和涅槃不是分離的。覺

醒以前，我們只能看見不同的夢：輪迴的夢、涅槃的夢，發生在不同的時段，不同的空間、地點。徹悟後的人在看見究竟真理的同時，也看見凡夫所見的世間真理。對徹悟的人來說，世間的時間與空間和究竟的真理是完全融通的。

當我從臺灣到美國時，看起來我好像換了一個地方，東方人和西方人似乎也不太一樣。當我不在的時候，這兩個地方總都有所變化。但是，如果我們從月球上看地球，地球上的一切都只成了一個小星球上的喧囂；而如果我們從另一個星系看地球，所見的就只是一個光點。從遠距離看，所有的事物都顯得微不足道，時間也一樣。世俗的人為了追求自己所看重的事物而奔波勞累，在天界的眾生眼中，這是非常愚癡的。

我們可以粗略地做個比喻：從世俗生活中覺醒的人，就像從遠處看地球的人一樣；在夢中看起來過了很長的時間，做了很多事，去過很多地方，一旦醒來，才發現時間其實未曾流逝，人也沒去過任何地方、做過任何事。

> 善男子！如昨夢故，當知生死及與涅槃，無起無滅，無來無去。其所證者，無得無失，無取無捨。其能證者，無作無止，無任無滅。

> 於此證中，無能無所，畢竟無證，亦無證者，
> 一切法性，平等不壞。

徹悟以後，就出離了分別的世界；而未悟的眾生，以分別心而言，有不同的層次。第一個層次是凡夫，第二個層次是哲學家、宗教師及一些政治領袖，第三個層次是有成就的修行者，第四個層次是已經沒有任何自我執著的眾生，這是佛性的完全顯現。第四個層次的人具備了前三個層次的人所具有的能力，不同的是，他們已經徹悟了。

凡夫所做的分別，皆基於利害關係的計較與衡量，依此爭取對自身有利的事物，避開對自己無利或有害的事物。他們以分別心對待與自己關係較密切、關係較疏遠和毫無關係的事物。他們對自己的事情很關心，很積極地處理，卻可能毫不關心別人的生活，這樣的態度對一般人來說很平常，這只能說是不好也不壞的。

當然，也有人真誠地關懷這個世界，關懷他人。當戰爭爆發，或饑荒橫襲時，他們會深深同情那些受苦受難的人，為和平出錢出力，幫助人們減輕痛苦，這些人不一定在第二個層次。真正在第二個層次的人，是為數不多而真正有德行的世界領袖。這些宗教、哲學或政治界的領袖，奉獻他們的

生命，推動政治改革和社會運動，他們對世人有真誠的關懷。因為這些人的努力和奉獻，這世界才有了一些秩序和文明。

當然，第一個層次的人，有的也會崇尚道德，關心他人，但這並不完全基於自己的信心和經驗，而只是遵循別人的想法和行動，這也沒有什麼不對。第二個層次的人，對自己為了建設更好的世界所具有的想法、努力和理念，有著強大的信心，雖然他們的信念皆基於自己理智的思考，意願也清楚、良善，他們仍對自與他、好與壞的概念有所執著。

第三個層次是有成就的修行人。試想：在深山裡，有一所古老的修道院，在這裡，只有修行得力的人能成為住眾，而當人們進入修道院後，就準備在那裡度過餘生。這些人與外面的文明世界完全隔絕了，他們對世界真的有用嗎？中國大陸和西藏的歷史中，也有很多隱居的修行人，直到今日，仍有許多人過著隱居的修行生活。他們對一般人有什麼用呢？有的。雖然人們不一定能直接感受到他們給世界帶來的好處，他們的修行對世界是有幫助的，這是因為，修行人不需要下意識地想著幫助別人，功德會自然迴向出去。其實，他們的精神力量，超越了第二個層次的人通過具體的工作和意向，所能

賦予世界的。

可是這並不代表這些修行人已經不再有所分別，他們也許覺得這個世界上沒有善人，也沒有惡人，沒有可愛及可怕的事物，世界本來就是和平的，而自己也已經解脫了。但是，如果他們真的不做分別，那麼隱居在深山裡，或是住在大都會的人群中，應該都無關緊要。可見這些人對他們認為祥和的及混亂的環境仍有分別心。

當然，有些人會問：「如果真的如此，為什麼要有修行人的生活方式？何不繼續過著凡夫的生活呢？」有人曾經問我是否還起分別。我反問：「你認為呢？」他說：「我認為你仍有分別。」我說：「你答對了，為什麼你會這麼想呢？」他回答說：「如果你真的解脫了，就應該去看電影、吃肉、喝酒、穿一般人的衣服，但是，你仍然執著出家人的身分，還在遵守戒律。」我對他說：「如果我脫去僧袍，行為舉止和你一樣，那麼我的確就失去了出家人的身分。而你呢，儘管你能無所約束地做你想做的事、去你想去的地方、吃你喜歡吃的東西，這不代表你比我自由，也不表示你的分別心比我少。為什麼你要堅持我和你一樣呢？如果你執意想著我是一位不吃肉、不喝酒、不看電影又不跳舞的出家人，那麼你的分別心其實比我還要大！」

在達到第四個層次的人眼中，出家人和在家人、已婚的和未婚的、殺人的和救人的，並沒有什麼不同。例如，喝酒被認為是無明的一種表現，但是它也被視為智慧的方便，日本禪宗就稱酒為「智慧湯」。那麼，這是否表示喝酒的凡夫都會得到智慧呢？不是的，這只是說，對已經有智慧而且不起分別的人來說，酒和智慧不是分離的，在適當的情況下，酒是可以用來幫助他人的方便法。

有些開悟的禪者，行為可能與一般出家眾不一樣。在中國佛教史中，的確有開悟的禪師去妓院、喝酒或吃狗肉的記載。在一些描述大乘菩薩的藝術品中，也有不修邊幅的形像，有一些還留著長髮。他們雖然看起來不像正規的僧人，卻已真正覺悟和解脫，他們的行為舉止，已不拘泥於任何形式。

在大乘佛教中，菩薩道有五十二個階位。要證得部分的無分別，至少要達到第四十個階位；而要證得究竟、真實的無分別，必須要超過第四十八個階位。用話頭或公案的修行人，如果能產生大疑情，有可能會有徹悟──真實無分別──的體驗；但是，由此體驗所得的力量，不會持久，最終還是會退回到凡夫的層次。因此，有了體驗後，仍須繼續不斷地修行。

凡夫修行，總會抱持著有一天能進入涅槃的心

態，他們相信，入涅槃時，輪迴即被拋在身後，成為往事。達到第四個層次的人則不然，因為，在超越分別時，便已超越了輪迴和涅槃，那麼，輪迴與涅槃，過去與未來，也就不再有分別了。對第四個層次的人來說，無所得，亦無所失。我認為，《心經》的精髓就在「無智亦無得」這句經文，它精確地描述了第四個層次——覺悟及真實無分別的層次。《圓覺經》指出，真正的證悟，既沒有所悟的法，也沒有能悟的人。

人類歷史中，有許多成就了豐功偉業的人：在拿破崙短期的統治下，歐洲大部分是他的；毛澤東活著的時候，統治了四分之一的人類。但是，他們真的得到了什麼嗎？這些人都逃不過死亡的結局，到頭來，沒有任何東西真正屬於他們，沒有所謂的「得」可言。當然，修行人仍有分別的需要，如果沒有輪迴與涅槃、煩惱與智慧的概念，就沒有為了覺悟而奮鬥的動力。當我們達到無分別的境界時，輪迴和涅槃自然都會成為昨日的夢。可以被留下或拋棄的東西，都不是真的；可以被獲得或持有的東西，也不是真的；只有不能被拋棄也無法獲得的東西，才是真實的。這究竟是什麼呢？你必須自己去發現。

善男子！彼諸菩薩如是修行，如是漸次，如是思惟，如是住持，如是方便，如是開悟，求如是法，亦不迷悶。」爾時，世尊欲重宣此義，而說偈言：

普眼汝當知　一切諸眾生
身心皆如幻　身相屬四大
心性歸六塵　四大體各離
誰為和合者　如是漸修行
一切悉清淨　不動遍法界
無作止任滅　亦無能證者
一切佛世界　猶如虛空花
三世悉平等　畢竟無來去
初發心菩薩　及末世眾生
欲求入佛道　應如是修習

這段偈子，將佛的開示用詩句的形式重新表達了一遍，讓人們更容易記住佛的教導。因為我們已經徹底討論過經文，就不必重新解說這段偈子了。重要的是偈子之前的那段文字。這段看似簡略的文字，卻包含了通向圓覺的七個步驟，每一項都代表了修行的一個階段或層次。

第一個階段是正在「修行」的階段。修行，

不單只是用功或不斷地重複著某一件事，如果沒有正確的方法和指導，就不是真的在修行。有些人認為，任何能使心靈受到壓力，使身體用功或受苦的活動，都是修行，這是錯誤的。被關進圍欄裡或被趕去工作的家畜、犛牛、馬等動物，都在受苦、勞動，但那不是修行。如果受苦和勞動是修行的準繩，那些正在勞動改造的頑固罪犯，豈不就成了最好的修行人了？

在中國大陸北方有一個人，能在冬天最寒冷的時段，赤足走在冰雪上，由於他已完全掌握了這門技巧，看起來一點也不痛苦，他號稱這是他的修行方法。許多人對他非常尊敬、崇拜，認為他是最了不起的修行者。有一位禪師聽到這個故事後，就帶著徒弟到冰凍的河邊，指著一群搖搖擺擺走在冰上的鴨子說：「你們看，這些修行者多偉大啊！即使是剛孵出來的小鴨，也能赤足走在冰上！」

所以，修行並不是使自己受苦，那不是修行的目的。修行的真正意義是「修正」或「改正」，也就是說，在生活中或用功時產生的問題，必須由自己解決。我們都免不了會有意或無意做著不善的事，因此，無論何時何地，我們都應該努力了解自己的所做所為，然後想辦法去改正自己。錯誤的言行，既會傷害自己，也會傷害別人。

我們的心整天都在做些什麼？有什麼樣的念頭呢？是有用的、沒用的、有益的、還是有害的呢？我想，大部分的時候，我們的念頭對自己都不是那麼有用、有益，對別人的好處就更少了！修行就是從這裡開始。

建築物一落成，各種問題就立即隨之而來，裂縫、漏水等問題，似乎隔夜就都出現了；我們的身體也一樣，缺陷和問題可能一出生，甚至在母親的子宮裡就有了。開始修行時，我們應該用心去修正這些身、心的先天缺點，嘗試在身體上、心理上和情緒上改善自己。

很多人對自己心理狀況的改變不加留意，也不關心身體的情況，然而，他們或許會遵從宗教的儀式，也會吃素、誦經、拜佛；其實，這不是真正的修行，而是自欺的一種表現。有些人到教堂或寺廟去，請上帝寬恕他們的罪，然後認為上帝已經承擔了他們的行為，抱著輕鬆的心情離開，又再度犯下同樣的過錯。他們一週又一週、一年又一年地重複這個循環，這是修行嗎？真正的懺悔，是承認自己所犯的過錯，並真誠地努力，讓自己不再重蹈覆轍。

下一個階段是「漸次」。這個階段的修行，其實是接續第一個階段的一系列層次。以漸悟的原則

來說，修行多年的人比起初學者更有可能處於較高的層次，從修行所得的力量也可能較大。有些人可能會有頓見佛性的體驗，但是，他的修行能有多大的成就，還要看他如何在日常生活中實踐及融合這個體驗。修行人必須經過許多層次的悟境，才能打下堅固的基礎。悟境現前以後，煩惱不會就此永遠根除。悟境的體驗有如一張地圖，它可以讓我們輕易地指出目的地，卻無法清楚告訴我們它到底是什麼樣子，一定要親自到過目的地，才能知道它的真實樣貌。所以，即使有了好的經驗，仍必須謹慎、精進地繼續修行。

在一次禪七中，有一位女眾狀況很好，覺得非常有信心，並聲稱她隨時都可以入地獄，沒有絲毫的恐懼。在另一次禪七中，另一位女眾告訴我，她覺得這世界根本沒有問題，也沒有什麼事情需要做。

修行多年的人，可能會有類似的體驗，而這些體驗所產生的力量，也可能會持續很長的一段時間。但是，如果有良師指導，他們會知道，自己的進步其實沒有想像中的大，也會知道，自己還沒有解脫。

修行的體驗，可以為他們帶來莫大的信心，但是，他們必須留意，不要因此而變得驕慢自大。如

果有正確的指導，即使出現了這種心態，也不會停滯不前。

第二個階段是重要的，即使你沒有任何進步，甚至在種種困難中不進反退，這個「漸次」的階段能使你明瞭，必須認真繼續修行，一步一步地向前進。

第三個階段是「思惟」，可以理解為「正定」，也就是梵文的「禪那」正定，指的是能隨心所欲，將心持續不斷止住在同一個目標上而不移的能力。心止住在哪裡呢？有三種可能：身外之物、身體的某個部分、某個念頭。心必須持續不斷地住在同一件事物上，一旦發現注意力分散，立刻將它拉回到止住的對象。

有些人打坐時，把手表或毛巾放在前面，有些人選擇地板上的一個點，這些都是利用身外之物來專注的方法。許多人注意自己的呼吸或是身體的某一部分，這是第二類的方法；而有些人則看著念頭的起滅，這是第三類的方法。

在一次禪七中，有一位禪眾，一直想著他的女朋友，打坐的時候，想她的念頭不斷生起，弄得他不住喃喃自語，說她是個惡魔。他愈想將這個念頭丟開，打坐就愈困難。小參的時候，我教他一個簡單的方法，就是不斷對自己重複：「我在想我的女

朋友！我在想我的女朋友！」這個方法很管用，想女朋友的念頭，也就逐漸消失了。

如果在禪七中，過去不善的行為一直在心裡揮之不去，而感到很難受，這時就應當改變一下方法，可以不斷地告訴自己：「我做了壞事！我做了壞事！」這個方法，可以幫助自己把自我的迷思變成「正定」；如果無法這麼做，就會被自己的念頭所苦惱、擾亂，而無法繼續打坐。

第四個階段是「住持」。這個階段的修行，是把禪修的工夫，在不正式打坐時，隨時隨地保持著，也就是將「正定」融入到日常生活中。其實，日常生活就是修行。

有一位學生對我說：「師父，我以前常常打坐，但是現在我不想再坐了；一打坐我就昏沉入睡，我覺得打坐對我已經毫無用處了。」我說：「至少你是睡在蒲團上，而不是睡在床上；你在蒲團上睡一下，時間比睡在床上短，卻會更迅速有效地恢復精力，即使在打坐時睡著了，也總比一點都不坐好啊！」

第四個階段的修行有兩方面：第一，維持打坐的習慣，精進地用方法；第二，試著維持已經達到的修行境界。在這個階段，不要以為自己已經不可能退轉了。憑空塑造一個高大的自我形相，只會

給自己帶來更多的煩惱,有智慧的人不會把自己的成就想得太偉大。還有,一般人都期望能在最短的時間內達到最高的層次,一有這種想法,必須馬上袪除。這些想法是修行路上最大的障礙,一定要把它們捨棄,只有如此,我們才能踏實修行,穩健進步。

第五個階段是「方便」,它包含了一切有助於證得圓覺的方法。方便有很多種,也有很多個層次,最基本是持戒和拜佛,這是修行的基礎和準備工作。但是,本經所指的「方便」,性質與此不同。在這個階段,修行人所修的是十波羅蜜,不只是六波羅蜜。六波羅蜜是十波羅蜜的前六項,是尚未達到初地(菩薩道第四十一位)的人所修的;到了初地以上,修行人要圓滿的是十波羅蜜。十波羅蜜所累積的功德能利益一切眾生,不只是修行的個人。在利益一切眾生時,修行人累積功德、袪除煩惱、增長智慧,這一切都可以藉由十波羅蜜來完成。一般的修行人也可以修十波羅蜜,但是,他們的成就無法與初地或以上的菩薩相比。

到了這個層次,就不會再退轉了,修行會有穩健的進步,至少也能維持已經達到的境界。這比「正定」的階段要高,但是,它與前面所說的層次,不是分離的,每個修行的階段都融合了前面的

階段所累積的體驗與境界。

第六個階段是「如是開悟」，也就是圓覺的境界。如果以光來比喻開悟：一根火柴、一把火炬、一盞日光燈、天上的太陽，都是光的來源，但是，每一種光源的亮度都不同。與光一樣，開悟也有不同的情況，不同的力度，某些悟境會比其他悟境更有力量。在圓覺的境界裡，所有的煩惱都已消失，它所示現的光明，不是其他悟境所能匹比的。手電筒的明亮和時限是無法與太陽相比的，但是，太陽的明亮和時限也還是有限的；唯有圓覺的光明，在時間上和空間上，都是無限的。

前五個階段是通向圓覺的必經之地；悟入圓覺後，這五個階段就不再需要了。但是，也只有在證得圓覺時，前五個階段才能真正地圓滿。

這段經文的最後幾個字敘述了第七個階段，這其實是對前六個階段的總結，也是給修行人的忠誥。真正的修行人，應當遵照這六個階段來趣向圓覺。如果我們真誠且精進地沿著這條路走下去，一步一腳印，一定會有穩健的進步，少走冤枉路。

第四章

金剛藏菩薩

　　於是,金剛藏菩薩在大眾中即從座起,頂禮佛足,右繞三匝,長跪叉手而白佛言:「大悲世尊!善為一切諸菩薩眾,宣揚如來圓覺清淨大陀羅尼因地法行、漸次、方便,與諸眾生開發蒙昧。在會法眾承佛慈誨,幻翳朗然,慧目清淨。世尊!若諸眾生本來成佛,何故復有一切無明?若諸無明眾生本有,何因緣故,如來復說本來成佛?十方異生本成佛道,後起無明,一切如來何時復生一切煩惱?唯願不捨無遮大慈,為諸菩薩開祕密藏,及為末世一切眾生,得聞如是修多羅教了義法門,永斷疑悔。」作是語已,五體投地,如是三請,終而復始。

金剛藏菩薩問了三個根本的問題：第一，如果我們本來是佛，為什麼我們是無明的？第二，如果我們都是無明的，又如何在本質上是佛？第三，如果我們本來是佛，後起無明，那麼佛是否會再度生起煩惱，成為凡夫？這些疑問都很切題，亙古及今，無論修行與否，這是人們常有的問題。

　　釋迦牟尼佛說我們本來是佛，指的是我們的潛能。這就好像任何在美國出生，年紀超過三十五歲的人，不論性別、經濟能力、種族或宗教背景，都有權利和資格競選總統。但是，真的出來競選的人寥寥無幾，當選的更不用說了。很少人有這樣的機會、意願、時間和財力。除了意外死亡而不能完成任期的情況，四十年之間最多只能有十位總統，而總統的產生，需要符合很多的要求和條件，因此只有少數人能當上總統。同樣地，一切眾生都能成佛，但不是所有的眾生都能立即或同時成佛。

　　眾生最初從何而來？如果我們一開始就是佛，沒有煩惱的束縛，那不是更好、更簡單嗎？幾千年來，宗教家和哲學家一直在探討這些問題，但是，至今仍然沒有令人滿意的答案。如果說上帝創造了眾生，這個答案只會帶來更多的問題，譬如：為什麼上帝也同時創造了痛苦？為什麼世界上會有邪惡呢？為什麼要大費周章地創造一個地獄來懲罰壞人

呢？上帝應該能避免這些問題才對啊！

　　佛教所關心的不是這類臆測的問題，也選擇不去回答它們。佛法是實用而有療效的方法，它所關心、處理的，是人們當下面對的問題。佛陀說過這麼一個故事：如果有人被毒箭射傷了，是應該馬上將箭拔出，即刻療傷呢，還是先問許許多多的問題？例如，這是什麼樣的毒箭？它從何處來？射箭的人有什麼背景？⋯⋯。很明顯的，應該先拔出毒箭，立刻療傷。同樣地，佛教的根本目的是幫助人們袪除無明，不是為哲學性的問題提供理論的解答。

　　佛教相信一直以來都有眾生，眾生不是在某個時候才突然出現的。我們之所以與佛不同，是因為無明。無明指的是局部的、暫時的、變遷的心理現象，這三個特徵互相關連、相互依存，是無明所必然具足的。這是因為，空間中的運動（局部的）也就是時間上的流轉（暫時的），伴隨的是身、心及環境的變化（變遷的）。只要三個特徵中的任何一個有所改變，其他兩個必也一定會變。無明和煩惱都是短暫易逝的！

　　佛性與無明不同，它是普遍、不變、無所不在的，不可能只存在於空間中的某個地方，它超越了空間、時間和變動。當我們說，眾生本來是佛，指

的是眾生不變的佛性，不是他們那有局限、暫時、變遷的煩惱。

空間原本是不變的，這是空間的本質，但是當我們把它框在大的、小的、方的、圓的容器中時，空間似乎就有了大、小、方、圓的特徵。容器是可變的，所以它們的特徵是暫時的，而空間的本質始終不變。同樣地，眾生有不同的外表和行為，人、狗、貓、昆蟲，大小各不相同，身體的組成各異，行為也不一樣，但是他們的本性──亦即佛性──是相同的。眾生因為環境的刺激而有所反應，心念不斷地活動，煩惱也就生起，這就是無明。

無始以來，無明即已存在，而且不斷在變，眾生即依無明而有。但是，無明不是普遍、不變的，它只是個局部、暫時，而不斷變遷的現象，無始以來就是如此。

如果我們能正確使用方法修行，不被世間的現象所轉，我們的心就不會動，也就不會被貪、瞋、癡三毒所影響，三毒會就此消失，留下的就是我們的佛性。當心不動時，無明就不復存在，唯有佛性仍在。只要無明還沒有完全袪除，我們就無法停止分別，只能以有限而暫時的心智，去容攝無限的佛性；當無明和束縛袪除後，所留下的就只有普遍而不變的佛性。如果無明的存在是真實的，那它是永

遠都不會變的。

水和波的關係是個很好的比喻：水一直都在那裡，風一吹，就起了波浪，而波其實也是水，只是在風吹之前並不存在。沒有波時，水仍然存在，而波的存在，則非得有水不可。水就像是我們的佛性，水波則代表無明。

佛會再度生起無明嗎？佛性是普遍、永恆的，而釋迦牟尼這個人在兩千五百年前就已經死了。歷史上的佛不是真正的佛，真正的佛——如來，是永恆不變的，無去亦無來。

如來無時無處不在，無論何時、何處，我們都能與如來「接觸」，但是，這不能用世間的智力來認知，必須藉由信心或修行來體驗。不同的人對如來有不同的體驗，由信心所得到的體驗，與修行所得的體驗也不一樣，並不是如來有所不同，而是個人及他們的認知有差異及變化。

人們所認知和體驗的佛，是對眾生的無明所回應的佛。為了讓眾生能了解佛法，佛必須以契合眾生根器的言行方式教化他們；雖然佛沒有無明，他卻反映了我們的無明。佛像一面鏡子，如果鏡子前面沒有東西，它就無所反映；如果無明在鏡子前面，它所反映的就是無明，但是，鏡子裡其實沒有無明。圓覺的佛，永遠不會再回到無明的狀態，也

不會再有煩惱。

爾時,世尊告金剛藏菩薩言:「善哉!善哉!善男子!汝等乃能為諸菩薩及末世眾生,問於如來甚深祕密究竟方便,是諸菩薩最上教誨了義大乘。能使十方修學菩薩及諸末世一切眾生,得決定信,永斷疑悔。汝今諦聽!當為汝說。」時金剛藏菩薩奉教歡喜,及諸大眾默然而聽。「善男子!一切世界始終生滅、前後有無、聚散起止、念念相續、循環往復、種種取捨,皆是輪迴。未出輪迴而辨圓覺,彼圓覺性即同流轉,若免輪迴,無有是處。譬如動目,能搖湛水;又如定眼,猶迴轉火;雲駛月運,舟行岸移亦復如是!善男子!諸旋未息,彼物先住尚不可得,何況輪轉生死垢心曾未清淨,觀佛圓覺而不旋復?是故汝等便生三惑。

釋迦牟尼佛用幻相的本質來為金剛藏菩薩解釋輪迴。經文說,如果視線受到干擾,我們會在平靜的水面上看到波浪;如果眼睛凝視不動,我們會把轉動的火把看成是火輪。雲在夜空中飄行,常常讓人誤以為是月亮在動;坐在順流而下的船上,常常會以為船是靜止的,而岸上的樹在移動;如果我

把這枝筆快速地擺動，你們所看見的，會是一個成片的物體。基本常識告訴我們，這些光影的幻相都不是真的；同樣地，輪迴也是虛幻的，但是，大多數的人不是沒有覺察到這個事實，就是不相信這個事實。

很多人認為生命是漫長的。從生到死，我們的身、心有很多經歷，但我們只對最特殊的事件有所覺察、有所記憶。即使我們不能否認幾十年後，自己終將變老而死去，許多人仍然相信，在整個人生的過程中，我們是恆久不變的個體。

也有人認為，人生太過短促了。相對於浩瀚、漫長的歷史及時間，八十幾年的壽命，簡直就像是一眨眼；相對於廣闊的天地，我們所跨越的距離及攀升的高度，簡直是微不足道。這樣的看法比前一種人的妄想稍進了一步，卻仍是虛妄的。

你是否曾經思索過，我們為什麼會誕生在這個世界裡呢？這似乎毫無意義。我們出生、活著、經歷各種變化，然後死去，這一切都沒有什麼特別的理由。我們的誕生，是自己的選擇嗎？如果真的是有意識的選擇，為什麼不選擇更好的身體、更好的環境、更好的遭遇呢？為什麼非得為自己帶來這麼多的困難呢？事實上，眾生經歷輪迴，並非出於自己的自由意志，我們的生命也不是由某種萬能的神

或力量所註定、所控制的，我們所經歷的一切，都取決於自己的業力，是業力驅使我們身不由己地不斷輪轉。

有一位男士告訴我，他的父親逝世已經有一段時間了，但他依然感覺到父親的存在，他問：「為什麼我會有這樣的感覺呢？我的父親應該已經往生天堂或是轉生成另一個人了才對。」其實，出生、存活和死亡，都得依賴因緣。每一件事的發生，都必須等待業力的成熟。這位男士的父親，可能是他未來的父母還沒相遇，或者他未來的母親還是個未婚少女，所以，在因緣還沒具足以前，他只能等待。

我們的業是由身、語、意的造作而來，但是，我們不見得時時都能明白自己身、語、意的動力和原因。最近，我讀到一則新聞，一位已婚的名歌星有了婚外情，他知道自己的行為讓所有牽扯在內的人都非常苦惱，但他還是無法克制自己，仍然一直去找那個女人。這位名歌星已經失控了，雖然他也意識到這一點，卻於事無補。類似的狀況不僅發生在有名的歌星身上，我相信大家都曾經有過失控的經驗。

有些人不知道自己面對的是幻相，有些人即使知道，仍然不能自制。如果我用一種手法將一枝

筆前後翻動，讓它看起來柔韌而有彈性，雖然大家都知道筆是堅硬挺直的，許多人還是會相信這個幻相，認為這枝筆真的是柔韌而有彈性的。我們被高超的魔術師所製造的幻境拉了進去，總覺得事物的表相既有趣又迷人，情不自禁地與它們糾纏在一起，也就如此一次次地陷入輪迴之中。正因為我們無法不去理會生命的幻相、超越生命的幻相，也就反覆地為其所困。

一般來說，修行佛法的人，比沒有修行的人更能掌握自己的生命。如果修學佛法的人已經了解生命是虛幻的，卻還不能控制自己，那麼，他們所處的是修行的第一個層次。到了第二個層次，修行人已能清楚認清大部分的幻相，並能如理應對，但這還不是絕對安全的，畢竟人還在輪迴的洪流之中。到了第三個層次，當心已不再被表相所干擾、迷惑、欺瞞或影響時，才是真正脫離了輪迴。這是徹悟時的成就，也就是解脫。

我們因為業力而生在世間，就好像跟銀行借了錢，現在必須償還債務一樣。在第三個層次的人，既不會逃避舊業，也不會再造新業，而其他人則在受業報時，又再造下更多的業。因為我們無法控制自己，也就繼續為來生撒下更多的種子。解脫的人雖然也和我們一樣來到世間，不同的是，他們是乘

著救度眾生的願力而來的。佛因為他們的誓願、智慧、慈悲和眾生的需要而示現於世，那是對眾生的需求的應現，並非業力所致。

我們如何不離輪迴而又能控制自己的心呢？這似乎不太可能，因為我們沉浸在幻相之中，就連生命也是虛幻的。我們似乎註定要一次又一次地墮落，因為我們的行動，都在造就未來的幻相。出離輪迴的方法其實很簡單，只要中止幻相的延續，輪迴自然會止息，如果想逃避輪迴，就只會造作更多的業。

想要停止週而復始的輪迴，必須從自身下手。假設你想看清快速轉動的火把的真面目，卻發現你愈想停住它，它就轉得愈快，你一靠近它，它就往後退，這時候你該怎麼辦呢？是應該繼續試著去抓住火把，還是回到問題的源頭呢？其實，問題不在火把，而在你的認知。同樣地，在修行當中，我們不能期待心外的事物自動停止，而必須從源頭下手，那就是：讓心靜止。當妄心靜止後，所有的問題就都解決了。

有人問我：「我根本不知道前世做了什麼事。如果我曾經殺過無數的眾生，是否要償還每一份債？如果我今生踏死一隻螞蟻，來世是否會變成螞蟻，被人踩死來還債？如果每一個行為都必須如此

受報，我要等到什麼時候才能獲得解脫呢？」

佛說罪是不存在的，罪如果真的存在，就沒有人能成佛。如果你覺得自己有罪，那麼罪就存在；而如果你的心不動，沒有妄想，那麼罪也就沒有了。

出離輪迴其實很簡單，只要停止妄心的活動，不被貪、瞋、癡三毒所牽引，你就從輪迴中解脫了。但是，如果你的心不斷地動，就會活在輪迴中，繼續地分別、執著和逃避，這就是無明的心。

佛教不把物質和心理的層面分開，往昔的業雖然示現為身體及物質的果，卻是由心所造的。物理學的定律闡明，物質和能量只能轉換，不能被創造或消滅。一間房子由石頭、木板和金屬所造，在房子被拆除後，所有的材料便都回歸大地或被用在其他地方。原油從地底被抽出後，提煉成汽油，用來燃燒，它雖然經過許多變化，基本元素卻是一樣的。我們在輪迴中的生命，以及身、心之間的交互作用也一樣，心被不同的幻相所牽引，我們對這些幻相的反應，決定了身體的際遇，而這又反過來塑造和影響心的活動；這個過程連續不斷地進行，一生又一生，彷彿遙無盡期，這就是輪迴。

善男子！譬如幻翳，妄見空花，幻翳若

除,不可說言:『此翳已滅,何時更起一切諸翳?』何以故?翳、花二法非相待故。亦如空花滅於空時,不可說言:『虛空何時更起空花?』何以故?空本無花,非起滅故。生死、涅槃同於起滅,妙覺圓照,離於花翳。善男子!當知虛空非是暫有,亦非暫無,況復如來圓覺隨順,而為虛空平等本性?善男子!如銷金鑛,金非銷有,既已成金,不重為鑛,經無窮時,金性不壞,不應說言:本非成就。如來圓覺亦復如是。善男子!一切如來妙圓覺心,本無菩提及與涅槃,亦無成佛及不成佛,無妄輪迴及非輪迴。

輪迴和涅槃既是不可分離的,也沒有差異。經文用兩個例子來解釋這一點。第一個是視覺的比喻:有缺陷的眼睛所看到的世界和正常眼睛所看到的是不同的。如果我們搓揉眼睛或擠壓閉著的眼皮,視覺會暫時被扭曲,即使是視力完美的人,也一樣會被眼睛的錯覺所迷惑。另外,有白內障的人視力迷濛,好像在霧裡看世界,而在患有「飛蚊症」的人眼中,常常有物體飛過他們的視線。經文提到「妄見空花」,有過這種經驗的人大都知道,這是眼睛的問題;但也有人真的相信這些幻覺,以

為空中真的有花,只有當他們的眼疾被治好後,才會了悟這是眼睛的問題。

第二個例子是冶金的比喻。不純的金礦經過開採、冶煉和精製的過程,最後只剩下純金。金子一開始就已經存在,有些人卻認為金礦和純金是兩種不同的東西。但是,煉礦的人都知道,如果一開始沒有金子的成分,那麼煉到最後也不會有金子。

輪迴也是個幻相,只要我們有煩惱,輪迴就「存在」。「妄見空花」是眼睛的問題,而輪迴則是心的問題。眼疾痊癒後,我們才知道,原來曾經認為是真實的東西,其實只是幻相;同樣地,當心的病全部治癒後,我們會知道,輪迴和涅槃也都是幻相,至始就不曾存在。

身體有問題可以到醫院求醫,但是,醫生對心理的問題卻愛莫能助。心理學家也許對心的運作有一定的認識,但相比之下,禪修的人對心的體認會更深入,而且,修行愈深,愈能知道心的錯綜複雜和它的問題。佛說過,如果我們身體有問題,應該去看醫生;如果心有問題,則應該從佛法中尋求解決之道。

我不知道是否有人能一輩子不生病、不受傷,也許有這種可能,但是,我可以肯定地說,亙古及今,沒有任何凡夫是完全沒有心的問題的。你們有

誰認為自己已經沒有任何問題了呢？真的這麼想的人肯定有嚴重的問題。喝醉酒的人不會承認自己喝醉了，如果你發現自己頭昏眼花，認為自己醉了，這表示你還算清醒。

我所說的心理問題，不只是精神上的和神經上的疾病。從佛法的角度來說，只要心有不平衡——無論是情緒上、理智上或精神上的不平衡——就是有病的心。沒有任何人有絕對精確可靠的判斷力，我們的觀點總是有偏差。每個人都免不了會批判別人、評價別人，也常常有矛盾的感受。我的一位美國弟子說，每當我離開美國到臺灣去時，他的心情就很複雜：一方面感到高興，因為不用在師父面前特意維持良好的表現，所以感到很自在；另一方面則感到傷心，因為當他需要佛法的指導時，就沒有人可以幫助他了。你們說這是嚴重的問題嗎？因為每個人都有這種毛病，社會大眾不認為這是嚴重的問題，我們稱它為「人性的一部分」，也的確是如此。我們都有煩惱，都在輪迴之中。只要我們的行動依然由不平衡的心所驅使，就會無可避免地為自己和他人帶來種種問題。

還有更明顯的例子，讓我們了解許多人根本就不能控制自己。譬如，吸毒的人痛恨使他們上癮的毒品，卻總是渴望再多吸一次，並且不惜一切地

要得到它。我們都知道,如果罪犯被證實是精神病患,就不會受到太嚴厲的處罰,其實,在某種程度上,我們和這些人一樣。如果我們真的能了解到,人們在做出愚蠢或有害的事情時,往往是因為實在無法控制自己,我們就不會對他們恨之入骨;如果能進一步認知每個人都有可能如此愚癡,而且每個人的心都有各自的問題,那麼,我們就已經在長養慈悲心的道路上順利前進了。

修行人都明白這一點,他們知道自己在心理不平衡時,會說出什麼樣的話、做出什麼樣的事,他們知道自己有時也會做出連自己都不能覺察的事,有時雖能自覺,卻無法控制自己,所以他們能了解到修行的必要。

現今有很多關於身體疾病和療法的研究,對心理問題卻缺乏同等的關懷。如果我們能正視大家心靈的問題,積極處理它們,這個社會會變得更美好,而我們許多的身體問題也會消失。除非人們有這樣的認知,否則這個世界永遠都會有嚴重的問題存在。

只有不斷地看著自己的心,省察心裡的欲求、希望、恐懼和對事物的評斷,我們才能進步。最好的方法就是禪修,只要不斷地練習,心中的妄想就會愈來愈少。太多的念頭,讓我們很難把事情看清

楚；念頭愈少，問題也就愈少。如果心中已經沒有散亂或操控的念頭，所有的問題就會消失，我們會發現自己與他人和環境是非常和諧的，我們的評斷也就不會有偏差，對順境或逆境也都會坦然接受，不會有過度的情緒波動。

當心完全清澈明朗時，就不再有善與惡之分，也沒有所謂的輪迴與涅槃。輪迴與涅槃的觀念是因為修行的需要而提出的，這些觀念能增加我們的信心和決心，讓我們藉此了解現實是什麼，我們的潛能又如何，但這都只是觀念，就像藥一樣，只有在生病的時候，才對你有意義，當你康復了，藥對你就有如塵土，已經毫無意義了。當我們的心已經清淨，不再有煩惱時，輪迴與涅槃的觀念就不再需要了。我們會發現，輪迴與涅槃其實並不是兩個不同的東西，也不是同一個東西，對於清澈明朗的心，它們只是幻相，根本就不曾存在過。

我們就像金礦，而冶煉出來的純金就是我們每個人的清淨心，它代表我們的潛能，也就是我們的佛性；冶煉完成後，我們的心就不再有雜質了。經文還說，一旦金子被純化以後，就不會再變成摻有雜質的礦石了；同樣地，完全徹悟的人，不會再落入輪迴之中。

只有修行才能淨化我們的心。當我們證悟，心

中已經沒有雜質後,再問煩惱是否是真實的,就沒有意義了,所有的譬喻也都在此刻瓦解。雖然金礦中的雜質在純金冶煉出來後,可以被蒐集起來,但是,在心清淨以後,煩惱就已蕩然無存,對開悟的人來說,煩惱根本是不存在的。

　　善男子!但諸聲聞所圓境界,身、心、語言皆悉斷滅,終不能至彼之親證所現涅槃,何況能以有思惟心,測度如來圓覺境界?如取螢光燒須彌山,終不能著。以輪迴心生輪迴見,入於如來大寂滅海,終不能至。是故我說:一切菩薩及末世眾生,先斷無始輪迴根本。善男子!有作思惟從有心起,皆是六塵妄想緣氣,非實心體,已如空花。用此思惟辨於佛境,猶如空花復結空果,展轉妄想,無有是處。善男子!虛妄浮心多諸巧見,不能成就圓覺方便,如是分別,非為正問。」爾時,世尊欲重宣此義,而說偈言:

　　　金剛藏當知　如來寂滅性
　　　未曾有終始　若以輪迴心
　　　思惟即旋復　但至輪迴際
　　　不能入佛海　譬如銷金鑛

金非銷故有　雖復本來金
終以銷成就　一成真金體
不復重為鑛　生死與涅槃
凡夫及諸佛　同為空花相
思惟猶幻化　何況詰虛妄
若能了此心　然後求圓覺

　　佛告訴金剛藏菩薩，連已經解脫生死輪迴的聲聞聖者，都不能了解佛的智慧，更何況一般的凡夫。想要用分別心去了解佛的境界，就像是用螢火蟲的光去燒須彌山一樣，是不可能。未悟的凡夫依靠觀念、訊息和記憶，他們的分別心只能了解物質的世界，卻無法領悟超越物質世界的境界。

　　佛的智慧不能藉由思考而知，概念上思考出來的東西與實相（真理）有距離，想要憑著智力來認知真理，就像是期待虛幻的花朵能結出真實的果子一樣。聽聞佛法不能讓我們立刻了悟佛的智慧，儘管如此，研讀佛經還是能使我們對佛性有一點概念，雖然這仍是虛幻的。

　　在剛剛踏上成佛之道時，我們都是凡夫。從佛經中，我們知道自己是凡夫，還有更高的境界需要去努力，而成佛的觀念可以鼓勵我們去修行。印度神話中有一隻天鵝，牠在喝奶時，能將奶和水分

開；同樣地，我們也可以從經文中萃取我們所能了解的思想，增長我們的修行。

東、西方的宗教都認同，在這短暫的物質世界中，生命是充滿了痛苦的，大部分的宗教也都說有一個沒有痛苦的天界可以去。在佛教中，聲聞是超越煩惱、脫離輪迴的修行人；聲聞比這世界的凡夫更自由、更快樂，但是他們並沒有進入「天界」。

我問過一位朋友：「你為什麼生到這個世界來呢？」他說：「被生出來不是我選擇的，我不知道為什麼要來到這個世界，我的生活中痛苦多於快樂，來到這個世界不是我的意思。我曾經想從家庭中找到快樂，但是我卻離了三次婚，每次的婚姻，我都很努力維持，但是，每位前妻都帶走我的一半財產和我們的小孩。」

你為什麼來到這個世界？為什麼繼續在這裡生活？是因為你想要有個快樂的婚姻和美滿的家庭生活嗎？三國時代的曹操，在霸業的高峰，寫了一首詩，形容生命：「譬如朝露，去日苦多。」他是一生中沒有經歷過太多失敗的人，卻仍舊表達了這樣的心情。你呢？你的日子是痛苦多於快樂嗎？其實，生命一開始就是一個掙扎，我們掙扎著出生、掙扎著牙牙學語、掙扎著學會走路、掙扎著讀書、掙扎著工作。

因此，我告訴這位朋友，我們來到這個世界是為了償還業債，並累積善業，這是我們所遭遇的一切苦難的原因。我的朋友反駁道：「我並沒有虧欠任何人。事實上，每一次都是我的前妻把我所擁有的一切拿走。」我說：「你可能不完全記得所欠的債，我們的業債不一定都是今生的造作。想想看，你甚至連過去五天來所做過的夢都無法全部記得。今生是一個夢，來生又是另一個夢。如果你連過去五天的夢都記不得，又怎麼可能記得生死的夢和前世的夢呢？重要的是，我們應該努力償還所有的業債，增長現世的善業，使得來生能有較好的業報。」

這個人接著說：「如果人生是場夢，我就不必做任何事了，反正所有事物都是虛幻的。」我說：「是的，它是一場夢，但是如果你不努力，臨終時你會後悔的。」他說：「照你的意思，我就得一直努力做到死為止，這麼說，人生真的很艱辛、很痛苦。」

這是人們所經歷的痛苦的典型。與此相反，聲聞雖然已經超越了痛苦和生死，卻仍然無法完全了解佛的智慧。《優婆塞戒經》裡有一個三獸渡河的故事：大象過河時，牠知道河裡每一處的深淺；馬過河時只知道靠河岸處的深度，而不知河中心有

多深；兔子則從頭到尾必須游泳過河，完全不知河有多深。兔子代表著緣覺，馬代表菩薩，大象代表佛，三者都已渡過生死之河，但是，牠們所證的境界卻各有不同。聲聞無法徹底了知佛的智慧，而菩薩有些許的概念，只有佛的智慧才是圓滿的。如果連聲聞和菩薩都不能完全了知佛的智慧，一般的凡夫更不用說了。

經文接著說：「以輪迴心，生輪迴見，入於如來大寂滅海，終不能至。」研究和討論可以讓我們獲得知識和一般的智慧，但是，最高的智慧是無法用言語來表達的。思考需要用符號，而語言是分析推理的表達方式，語言和符號表達了心所做的分別；當心有所分別時，是無法進入大寂滅海的。無可置疑的，分析推理使我們的科技進步，但是，它無法讓我們了知佛的智慧。

輪迴心是根植於生死輪轉之心，它是得失之心，也是煩惱之心，而追逐快樂、逃避痛苦，也是輪迴心的一部分；就像喝鹽水止渴一樣：愈渴的時候，你就喝得愈多，喝得愈多以後，你就更渴。

什麼能給我們帶來快樂呢？是金錢、地位、名聲、一個可愛而穩定的家，還是健康呢？其實這些都無法帶來真正的快樂，它們只能提供短暫的滿足感，因為情況會改變，快樂不會持久。我們所追求

的快樂，就像曹操詩裡的朝露，在葉片上的時候的確很美，但是，朝陽很快就會將它蒸發。追求快樂的心是輪迴心，因為它根植於煩惱之中。

追求快樂和逃避痛苦是很自然的事，如果沒有這些動力和欲望，大多數人都不會想活下去。只不過，追求和逃避都免不了以痛苦結束，追求快樂就像狗在追逐自己的尾巴，而逃避痛苦就像試著要逃離自己的影子，正是這樣的生活態度，使人們對生命感到厭倦。

我先前提到的那位朋友繼續問我：「那麼，應該對人生抱持什麼樣的態度呢？」我回答說：「已經發生的事，接受它；尚未發生的事，如果是有益的，應該促成它，如果是無益的，應該盡量不讓它發生。無論如何，應該試著讓心超越得失的念頭。如果病了，應該去看醫生，但是不要一直抱怨，也不要讓自己沉溺於病痛之中；如果沒有病，應當注意身體的健康，卻也不要擔心會生病。」

這樣的態度能讓得失心減到最小，在困難時就不會老是在輪迴心上打轉，當然，說時容易，做時難。菩薩雖然不怕痛苦，但也不會去製造痛苦；因為不怕痛苦，所以不會擔心、預期痛苦的發生；因為不瞋厭痛苦，所以，在痛苦發生時，不會把它當成痛苦，也不會企圖逃避。

當蒙古人征服宋朝時，丞相文天祥被殺害了，從他所留下的文字裡，我們看到，他不把處決當作一種痛苦，而是人性的完成。在一般人的眼裡，他的處決就是死亡；對他而言，卻是人生的圓滿。真正的修行人會了解這一點。

沒有得失的念頭，不追求快樂，不逃避痛苦，不害怕輪迴，不追求成佛，這才是出離輪迴、出離煩惱的心。佛已經出離了輪迴，但是他們為了眾生乘願再來，覺悟的菩薩也是如此。聲聞雖然超脫了生死，卻仍然害怕生死，仍有得失的念頭，他們的修行雖然比一般凡夫超前很多，卻仍然無法了知佛的智慧。

包括禪宗在內的大乘佛教，闡明了解脫的心是無所求、無所斥、也無所懼的。我常常對大家說：接受已經發生的一切，不要渴望快樂，不要害怕痛苦，不要把得失看得太重。如果能培養這樣的態度，我們的人生將會更自在、更快樂。

大多數人在日常生活中，都是運用觀念性的思考。什麼是觀念性的思考呢？那就是用心去分析、去探索。我們可能會相信思考是一切問題的根源，但是，思考本身不一定是錯的或壞的。許多人有錯誤的觀念，認為在開悟後，思考就停止了，其實，佛和菩薩仍然會運用思考。在一些雕像中，佛和菩

薩的頭是側斜著的,這是正在思考的形相。因此,不應該貶斥思考。

但是,菩薩思考的過程和一般的凡夫有所不同,開悟的人不因自我的目的而思考,而未悟的人則站在自我中心的角度來思考,這就是「無為」和「有為」的兩種思考模式。「無為」指的是菩薩自發、無我的思惟過程,而「有為」指的是凡夫以自我為中心的思考。

我們的思考和行動都以自我為中心,所以我們的想法都總是與自我有關,都是有目的、有目標的;而菩薩的思考從禪定的力量中產生,在禪定中,心是統一、沒有自我中心的。有自我的意識,就表示有一個與所想的事物分離的「我」,那就有兩個念頭存在了:一個是自我,另一個是所想的事物。心有兩個念頭,就不是統一的,所以就不在禪定之中。菩薩因為沒有自我中心,思考不以自我為目的。所以,菩薩並不是一團不能思考的物質,思考仍然存在。事實上,菩薩的思考比一般凡夫的思考更清楚、更廣大、更深入。

佛和菩薩因應眾生的需要而思考和行動,佛和菩薩的思考方式,除了沒有自我中心之外,和我們是相似的。一般凡夫,不管他們信仰什麼,無論他們的念頭是好的、壞的,還是無記的,思考中總是

有個「自我」在。

雖然以我們現在的狀況，不可能在思想、行為上沒有自我的意識及目的，但最少應該知道有這樣的可能，那對我們的日常生活會有很大的幫助。我們會更加注意自己的思想、行為，更能覺察自己是如何被得失的概念所牽動，如何被環境所支配。當發現自己處於這樣的狀況時，可以用菩薩的行持提醒自己，努力地傚仿他們。當我們與他人或環境有矛盾和衝突時，應當反省自己的心態；當發現自己陷入自我意識和目標導向的狀況中時，可以試著調整自己，讓心態與無我的精神更相契，如此一來，衝突自然就會消弭。

所有以自我為導向的思考，皆從感官所蒐集的訊息衍生而來，感官的訊息由六根及其所感的六塵所組成，內部的訊息就是身體，身外的訊息則為環境，這些感官的訊息都屬於物質的範疇。不管我們的思惟有多抽象，仍然需要應用符號。如果不與物質環境互動，我們的心便無法活動、無法思考，因此，許多人誤以為佛教是唯物的。其實，我們也可以反過來說：物體只有在與眾生的心互動時才存在。例如，外在環境對一個正在無夢睡眠中的人，是不存在的。此外，如果我們的心完全呆滯，或完全放在方法上，就不會覺察到周圍的環境。只有當

心在一般的狀態下，外在的環境對我們來說才存在。因此，從某種意義上看，有人會說佛教是唯心的：物質世界的存在，是因為心的活動。

唯物主義和唯心主義是兩個極端的思想，都不能代表事物的真實狀態，兩者都是虛幻的，就如同相信空中真的有花一樣。空中花是虛幻的，心和物質世界也是虛幻的；心和現象世界都不是真實的存在，所以我們可以排除唯物主義和唯心主義。虛幻的執著心和現象世界都無法單獨存在：虛幻的執著心因為有了現象世界與之互動才能存在，現象世界則因為有心來認知而存在，所以兩者都是虛幻的。

我們都希望能成佛，至少希望能知道成佛是怎麼一回事，不幸的是，我們都在以「自我」的心來追求佛道。想要證悟圓覺，必須放下妄想和我執，但是，放下自我是不容易的。修行人可以輕易做短期的衝刺、超常的精進，大多數人卻無法一輩子維持道心；這種爆發式的努力、勇氣和決心其實都是「自我」的心所產生的。修行人都有個目標，那就是開悟，而大部分的人都會發現，開悟並不容易，想要在幾個月的精進修行後就成佛，是不太可能的，即使只是祛除自己最顯著的煩惱，都不是件容易的事。事實上，初學者常會發現，因為修行，自己對自身的問題有了更敏銳的覺察，也發掘出自

己以前沒有注意到的問題。這種體驗可以讓人對修行的幻想破滅，許多人因此感到沮喪，不再繼續修行，他們會說：「我還沒準備好，等到我更堅強、更有決心時再說吧。」

　　所以，修行應該抱著無所求的心，愈是追求開悟和成佛，就離之愈遠。我們的確應該給自己設立目標，我曾經說過，應該努力傚仿佛菩薩，這些都是目標，但是，在用功修行時，所有的見解和目標都應該放下，用一顆平靜、堅持的心來修行，不要去管進度，也不去理會煩惱，如此自然會有進步，煩惱也會減輕。如果抱著一顆著急的心去修行，就免不了會有挫折感、會緊張，也會失望。只有當我們不再有自我中心及追求目標的念頭時，我們才有可能開悟。

第五章

彌勒菩薩

於是,彌勒菩薩在大眾中,即從座起,頂禮佛足,右繞三匝,長跪叉手而白佛言:「大悲世尊!廣為菩薩開祕密藏,令諸大眾深悟輪迴,分別邪正。能施末世一切眾生無畏道眼,於大涅槃生決定信,無復重隨輪轉境界,起循環見。世尊!若諸菩薩及末世眾生,欲遊如來大寂滅海,云何當斷輪迴根本?於諸輪迴有幾種性?修佛菩提幾等差別?迴入塵勞,當設幾種教化方便度諸眾生?唯願不捨救世大悲!令諸修行一切菩薩及末世眾生,慧目肅清,照曜心鏡,圓悟如來無上知見。」作是語已,五體投地,如是三請,終而復始。爾時,世尊告彌勒菩薩言:「善哉!善哉!善男子!汝等乃能為諸菩薩及末世眾生,請問如來深奧祕密微妙

之義。令諸菩薩潔清慧目，及令一切末世眾生永斷輪迴，心悟實相，具無生忍。汝今諦聽！當為汝說。」時彌勒菩薩奉教歡喜，及諸大眾默然而聽。

彌勒菩薩的第一個問題是：「云何當斷輪迴根本？」輪迴根本，也就是人類存在的根源問題。佛陀在此經中對這個問題的答覆，對佛教影響深遠。彌勒菩薩之所以提這個問題，不是要譴責人類的存在，而是為了激勵人們清淨自己的慧眼，以便在瞬息萬變的名、色世界裡，能具足無生法忍。

後面的經文闡述了五眼。第一個層次是肉眼，這是最有局限的眼，大多數的眾生都在這個層次。但是，藉由堅定的修行，眾生還是可以學習淨化自己的視野，用比較沒有成見和欲望的眼光來看世界。第二個層次是天眼的開發和淨化，天人和累世以來精進修行的人具有此眼。有天眼就有神通，但是，具天眼的眾生仍然在生死之中流轉。第三個層次是慧眼，在超越了生死及一切煩惱的輪迴時，就具有此眼。第四個層次是法眼，或清淨慧眼，這是菩薩的層次──雖然超越了輪迴，卻仍然留在這個世界裡幫助眾生。當法眼完全清淨時，就達到了第五個層次，亦即佛眼。

第四個層次的法眼,在大乘佛教中,又再細分為十個階段,稱為十地,是菩薩在逐漸清淨法眼時所經歷的階段。初地菩薩的法眼尚未清淨,必須到第八地時,法眼才會完全清淨。八地的菩薩,已經超越了分別和妄想,也超越了成佛和度眾生的欲望,這些菩薩不再有「成就」的觀念,不再有目的和計畫,也沒有特定的立場。他們可以幫助無數的眾生,卻不會認為自己在幫助眾生。這個階段就是無生忍──無煩惱、無智慧的體驗,亦即了悟過去、現在、未來是無生無滅的。「忍」不是證得智慧,因為如果智慧存在,煩惱也就存在。一般的看法認為,煩惱消失後智慧就會生起,超越輪迴後就進入了涅槃;但是對有法眼和佛眼的人來說,一切類似的區別都消失了。

修行的目的是清淨法眼,體會無生忍。為了使眾生能夠達到這個目的,佛陀接下來解說了人類的存在以及輪迴的源起。

> 「善男子!一切眾生從無始際,由有種種恩愛、貪欲,故有輪迴。若諸世界一切種性:卵生、胎生、濕生、化生,皆因婬欲而正性命。當知輪迴,愛為根本,由有諸欲助發愛性,是故能令生死相續。欲因愛生,命因欲有,眾生

愛命,還依欲本,愛欲為因,愛命為果。由於欲境,起諸違、順,境背愛心而生憎嫉,造種種業,是故復生地獄、餓鬼。

情感由貪執的愛而來,而貪執的愛和欲望是相互依存,互為因果的,渴求、執著和各式各樣的煩惱即因它們而生。因此,貪執的愛和欲望是助長輪迴的因,使我們為了生存、為了追求快樂而努力,但它們也是所有苦惱的根本。

我聽過一個故事,有個懶人在找工作,他的朋友請他看管墳墓。這個工作很簡單,基本上非常清閒,而他卻在一個月後辭職了,還抱怨說:「這些死人整天躺著,什麼事也不做,而我卻必須坐在這裡看著他們,為什麼所有的事都得由我來做呢?」他的朋友問他:「你連這份工都不做,還想到哪兒找工作維生呢?」這個懶人說他已經存了一些錢,可以一段時間不工作。當然了,當他把錢用完後,就得再去找工作,因為即使是最懶的人,也有求生的欲望。因此,我們可以說所有的眾生都有欲望。

欲望有身體的和心理的兩種:身體的欲望是有限的,可以被滿足,至少可以暫時被滿足,而心理的欲望卻是無限、無法滿足的。當心理的欲望增強時,身體的欲望也會跟著加強。心理的欲望不僅僅

在今生中驅策著我們,在未來的無數生亦復如是。

大多數的人不會思考來世,原因可能是他們有別的信仰,或者對死後的命運沒有任何的看法。但是,不管他們有什麼樣的信仰和態度,都無法逃脫那股由強烈、無法滿足的欲望所產生的力量,這股力量束縛了他們,驅策他們在輪迴中繼續流轉。這就是業力。

貪執的愛和欲望是互補的,欲望是對未來的利益抱有熱切的期望,而貪執的愛是貪戀不捨已經擁有的事物,業力就是由貪執的愛和欲望所產生的。但是,如果沒有愛,這個社會就連表面上的和諧都無法維持,因此,愛是有用的,但也是有害的。

我所說的貪執的愛,指的是有染汙的愛,這是以自我為中心所產生的愛;而無染的愛,或是沒有執著的愛,即是慈悲。自私的愛是狹隘有限的,而慈悲是無限的。在最粗淺的層次裡,有染汙的愛完全只考慮到個人,從這個層次向上,有染汙的愛可以擴大到眷屬、親人、社會或是全人類,不過,即使是對全人類的愛也是自私的,因為它還是有限的。當然,對全人類的愛肯定比完全自私的愛好。

很少人能夠愛每一個人。我們的生活和經驗都以個人為中心,如果不愛自己的生命,就無法生存下去,所以我們必須從愛自己開始,然後逐漸擴

大,盡可能去愛自然界的一切和所有的眾生。真正的愛是無私的奉獻,只有少數人能夠只付出而不求愛、財物、時間,或是任何形式的回報。雖然很多人能做利他的事,卻無法圓滿,也不會時時都能做。佛經上說,布施有外布施和內布施兩種,前者是金錢和財物的施予,後者是時間、精力和生命的施予。其實,奉獻自己的才能及參與工作,比捐錢還費力,但是兩者都是有染汙的,只有在完全無私的時候,真正的愛才能生起,而這真正的愛就是佛教所說的慈悲。

眾生對生命有強烈的愛欲,這包含了兩個主要成分:飲食欲和性欲,正所謂「飽暖思淫欲」。性欲不僅確保了其他眾生能再度受生,也驅動自己繼續受生。只要性欲仍是眾生業力的一部分,在中陰身的階段,就會被行淫中的男女所吸引而再度受生。由性欲所產生的業力,帶來的果是無法逃避的。

聽到這裡,許多人可能會認為,輪迴其實也並不是那麼壞,畢竟,大多數人都享受激情的愛和欲望。如果你的目的是在生死中繼續輪迴,那就簡單了,只要繼續以「自我」為中心去愛、去滿足你的欲望,就可以一生又一生地「享受」生命,但是你也會因此繼續遭遇無止盡的痛苦,它們如影隨形,

緊緊跟著你。要從輪迴中得到解脫，需要很大的努力；而在解脫後，仍繼續留在生死輪迴中幫助其他眾生，則更加困難。

如果我們能淨化自己的愛，那麼解脫之路就會容易一些，反之，如果我們愛得偏狹，欲望仍然強烈，我們將注定一次又一次地受生，但卻不一定每次都能再生為人。激情的愛與恨只有一線之隔，有些人為了滿足自己的欲望，為自己和他人帶來很大的傷害；當激情的愛變成恨的時候，當欲望引發有害的行為時，所造的業可能會帶來下三道的另一生。

有時候，要區別激情的愛與恨，或區別奉獻的愛與自私的愛，並不那麼容易。在一個寓言故事中，狼告訴兔子：「我真心地愛你！」兔子說：「謝謝！我真的很感激！」狼說：「那麼，請你永遠和我在一起吧！到我肚子裡去，我會給你安全和溫暖。」雖然這只是個寓言，同樣的情形確實發生在情侶、朋友和家人之間。毫無疑問的，大部分的關係在剛開始的時候都有愛的存在，父母親愛子女、情侶們一見鍾情，但是，因為有了執著和欲望，愛變得是占有的、壓抑的、具破壞性的，甚至可能會變成仇恨。

不清淨的愛是輪迴的基石，如果能長養清淨的

愛，就可以慢慢消弭欲望和激情，減少把愛變成一種占有和傷害的可能，如果能做到這一點，恨自然會消失，我們也會與他人和環境更加和諧地共存。

> 知欲可厭，愛厭業道，捨惡樂善，復現天人。又知諸愛可厭惡故，棄愛樂捨，還滋愛本，便現有為增上善果。皆輪迴故，不成聖道。是故，眾生欲脫生死，免諸輪迴，先斷貪欲及除愛渴。善男子！菩薩變化示現世間，非愛為本，但以慈悲令彼捨愛，假諸貪欲而入生死。若諸末世一切眾生，能捨諸欲及除憎愛，永斷輪迴，勤求如來圓覺境界，於清淨心便得開悟。

我們自我中心的愛欲，將其他眾生帶到世間來，而其他眾生自我中心的愛欲，則在我們死後，把我們帶回世間，生死輪迴就是被這股愛與欲的力量所驅動。

如果自我中心的愛與欲導致我們做了惡行，所帶來的業報，可能會使我們死後到畜生、餓鬼、地獄這下三道受生；如果我們的行為對他人和自己都有利，則容易轉生到人道或天界；然而，即使是天界的天人，也仍然被愛與欲所驅使，仍在生死之中

流轉。

　　因為緊抓著「自我」的觀念不放，貪執的愛和欲望也就持續不斷。只要還以自我為中心，就會在生死中繼續輪轉，解脫也就如此的遙不可及；只要我們仍然被激情及自我中心的愛與欲所驅策，就會繼續造業，繼續在生死之中流轉。

　　只要我們仍有自我、愛執和欲望的習性，仍然被它們所束縛，我們的行為就都是不清淨的，不管動機看起來多麼崇高，修行能讓我們逐漸淨化這些感受。三十七道品中有四如意足，而欲——想要修行的意願——是四如意足的第一項，其他三項是精進如意足、念如意足和慧如意足。欲望對想要開悟的人是絕對必要的，因為我們必須先要有修行的意願。剛開始時，無可避免地會對自我有強烈的執著，但至少動機是為了解脫，只要選擇了修行的路，我們就已經開始淨化自己的欲望了。

　　動機是決定欲望清淨與否的關鍵，只要是為了利他而不考慮自己的舉動，就是清淨的，即使它的背後還有自我的觀念在。例如，雙親為小孩所做的事可以說是清淨的；而如果為了贏得別人的愛而去幫助他，那就不是清淨的。當我們的動機純粹是為了利他而沒有想到自己的利益時，欲望就轉成了慈悲，雖然這還不是菩薩的真正慈悲，卻仍然是好

的，因為欲望已經開始淨化了。

　　欲望的目標可以有很多種，我們可能求取物質的東西，例如食物、衣服或舒適的環境；也可能求取情緒上的滿足，例如別人的愛；我們可能追求名聲或被賞識；也可能追求善業以確保來世有更好的際遇。有欲望並沒有什麼不對，滿足上述的欲望未必會讓人轉生至三惡道，但是，它們卻不是真正的慈悲。只要我們盤算著自己的行為所能帶來的利益，那就不是慈悲。即使是為了出三界和成佛而修行，也不是慈悲。只要我們心中仍有隱藏的動機，不管這些動機如何高尚，都不是慈悲；雖然這並不壞，也沒有錯，卻仍是以自我為中心的愛和欲望，不是慈悲。

　　舉個例子：我們可能在路邊看到一朵野花，駐足欣賞它的美麗與芳香，當我們離開後，心中可能還在想著這朵花，甚至盤算著把它摘下來，這表示我們已經愛上了這朵花，欣賞之餘，更想要擁有它，讓自己能不斷地享受它。我們的內心都有一種「飢渴」，讓我們對沒有的東西想要去擁有，對已經擁有的東西緊緊地把持著不放。

　　同樣地，當人們在靜坐時有了清淨、輕安的美好體驗後，很可能會渴望在未來的靜坐中，能有相同的經驗，這是另一種執著，只要對靈修的經驗有

所執著，自我中心的愛和欲望就仍然存在。

我們所經歷的一切，沒有一樣能比得上禪定所帶來的喜悅，愈深的定境能帶來愈深的喜悅，而且持續愈久。體驗過深定的人，可能終其一生都能保持心情的平靜與穩定；相對來說，食物和性欲所產生的快樂，卻是粗糙和短暫的。證得最高層次的世間定的人，可能會覺得自己已經解脫了，但是他們的執著仍然存在，仍被自我中心的愛欲，而非慈悲所驅動，這仍是輪迴。入定沒有錯，但它不是解脫，也不是慈悲。

對於已證悟的菩薩和佛，自我中心的愛和欲望的力量，已經被慈悲和誓願所取代。佛菩薩在幫助眾生時，是慈悲的顯現；慈悲是行動，而誓願是驅動力。菩薩不斷發願，直到證得第八地——不思議心地（不動地），到了這裡，利他的行動就已經是自發而沒有造作的了，證得八地的菩薩，不需要再發願。這就好像發願攀登一座山，登上山頂後，就不需要再發願了。

因為厭惡輪迴而發願解脫生死是不夠的，發願斷自己的煩惱也是不夠的，我們必須發菩薩誓願，不管自身的解脫，只管幫助眾生得到解脫。

修行菩薩道的人要發利益眾生的願，不為自己而發願。菩薩不會發願求生淨土，但是，只要他

們完成幫助眾生的願，自己也就因此而獲益。當我們能真正幫助眾生時，自己就已經更進步了。事實上，只有在證悟以後，才能真正地幫助他人；如同當游泳技術到了能拯救溺水的人時，自己就已經不再害怕溺水之災，而從中解脫了。

我們應當發願來驅動自己長養慈悲心，以幫助他人。慈悲和愛有顯著的不同，即使是最初階的慈悲，也不會考慮自身的利益，所關切的是最終能幫助他人得到解脫；愛雖然也有許多層次，有些比較狹隘，有些比較博大，卻都免不了有自我中心的成分。

慈悲有三個層次：第一個層次，是由菩薩與眾生的關係所引發的慈悲，菩薩因為看見人們痛苦而發願幫助他們解脫，在這種情況下，有一個感覺到同情的主體和一個被同情的對象，而且菩薩對眾生的差異仍然有所區別，這是初地前菩薩的慈悲。第二個層次是因法而生的慈悲，菩薩自然而然、無分別地幫助眾生，但這仍然有主體和對象，這是初地到第七地菩薩的慈悲。第三個層次則超越了主體和對象的區別，這是大菩薩和佛的慈悲，是無限，也沒有條件的慈悲。八地和八地以上的菩薩以及佛有最大的力量去幫助他人，但是對他們來說，並沒有眾生和慈悲的觀念，只有眾生才有這些想法。

一般的眾生，生來就有愛，真正的慈悲卻不然，即使是第一層次的慈悲也不容易做到。身為佛弟子，我們發願幫助他人，這些願使我們朝向第一個層次的慈悲前進；如果要達到第二個層次——法的層次，最少得證入菩薩初地，而如果要達到最高層次的慈悲，至少得達到第八地的菩薩位。

菩薩乘著他們的誓願回到娑婆世界幫助眾生，他們可以自願進入生死輪迴之中，受生為人，也以短暫的化身示現，而後消失。菩薩的出現不是源於自我中心的愛和欲望，否則愛和欲望會迷惑他們的心、蒙蔽他們的智慧，他們也就會仍被業力所牽引。菩薩的示現，是他們的願力使然。

眾生受自我中心的愛和欲望所驅策，總是計較得與失，因而煩惱。然而，愛是生命所必須的，讓我們學著提昇我們的愛，將對自己和他人的愛，轉化成無限、無分別的慈悲。

> 善男子！一切眾生由本貪欲，發揮無明，顯出五性差別不等，依二種障而現深淺。云何二障？一者理障，礙正知見。二者事障，續諸生死。云何五性？善男子！若此二障未得斷滅，名未成佛。若諸眾生永捨貪欲，先除事障，未斷理障，但能悟入聲聞、緣覺，未能顯

住菩薩境界。善男子！若諸末世一切眾生，欲泛如來大圓覺海，先當發願勤斷二障。二障已伏，即能悟入菩薩境界。若事、理障已永斷滅，即入如來微妙圓覺，滿足菩提及大涅槃。

眾生有兩種障礙：第一種是理障，與正知見和對於佛法的接受與否有關；第二種是事障，指的是由於我們的理解而起的身、語、意的活動。無法了解或接受佛法的觀念，這是理障；無法依佛法來行動，這是事障；能完全袪除這兩種障礙的人，即成佛道。

在釋迦牟尼佛的時代和其後的幾個世紀裡，印度有六個主要的宗教體系，總共約有六十個教派，每個教派都有各自的哲學思想。佛教和這六個體系的不同，在於個人的存在、因緣、因果、永恆以及上帝是否存在的問題上。因為有這麼多的信仰和理論在流傳，很多人不容易接受佛教。其實，佛教的典籍，主要是為了使人們從哲學的影響中解放出來，讓他們對佛陀的法起信；因為，沒有信心就不會去修行，沒有修行就不會有進步。

我們很自然地會提出以下的問題：「宇宙最初有什麼東西存在？無明和欲望為什麼會生起？如何生起？」佛教不談論「最初」的問題，因為這樣的

問題不會有結論。如果有人問：「生命是怎麼開始的？」另一個人會說：「是上帝創造的！」要是第一個人接著問：「那麼上帝是怎麼來的？」第二個人會答：「上帝一直都存在！」這樣的問答能告訴我們什麼呢？在這個過程中，一個問題總是被更多無法回答的問題所取代，結果都是臆測，而佛教是不做臆測的。類似的障礙也發生在成佛的觀念上。在佛教的思想中，存在和非存在是沒有差別的。佛經裡有個故事，有人問佛：「什麼東西一開始就存在？什麼東西在最終時還會存在？」佛回答說：「芭蕉樹可以一層層剝開，而剝到最後，中間卻什麼也沒有。」修行也一樣，只要心裡還有些什麼，就會成為障礙，只要還有東西存在，就不可能得自在。我們不應該追求什麼、抓著什麼，包括成佛在內。

　　就好像在修行的路途中，有一座不見頂的高山，你不知道要如何翻越它，但是山裡有一道門——法門，和一位看門的人，看門的人告訴所有來到門前的人說：「要想入門，必須丟下所有的東西，包括財產、你的身、心和所有的執著。」這是什麼意思呢？沒有了身、心又如何能入門呢？那不是與不入一樣嗎？但是，如果你真的能放下一切，就會發現其實無門可入、無山可攀。事實上，根本

就沒有「你」。解脫就是將自己從「自己」之中解放出來，也就是從身、心和環境的執著中得到解放，這就是禪的見、行、果。只要對心內、心外的東西不起執著，就不會再有煩惱。

受過高等教育，有堅定的哲學世界觀，或是有深入的宗教信仰的人，通常都有很強的理障。佛法說，修行要能得力，必須克服八種障礙，而其中最難克服的，就是堅固的哲學觀念。理障需藉由對佛法的了解或實修所得到的信心來袪除，但是，從知識上的理解所得到的信心不夠堅固，也不持久，這樣的信心或許能持續一輩子，但是下輩子仍會遇到同樣的障礙。要消除理障，必需有實證──亦即見性──所得的信心；見性之後，對佛法以及修行的方法就會產生無可動搖的信心。

事障比較難克服，正是它們使我們一直在生死的輪迴中打轉。事障可以分為三類：煩惱障、業障和報障。煩惱障是心理的活動所產生的，業障是由家庭、工作、日常活動和群體生活而來，報障則源於往昔所造的業，使我們無法修行，或者無法理解佛法。

有些煩惱很明顯，有些則否，有些煩惱看似障礙，有些則不，有些煩惱很重，有些則較輕。重的煩惱能壓倒理智，我們本來已經知道是正確的事，

會在重的煩惱來臨時，被遺忘或被想成是錯的。如果我們覺察到自己起了煩惱，那種煩惱是比較輕的。例如，有個住在東初禪寺的人，有一次對我不滿，向我大吼大叫，但是，他發現那是他自己的煩惱，這就是輕的煩惱；另一個人對我很尊敬，也接引別人到東初禪寺來，有一次我批評了她，她就很憤慨地離開了，一陣子沒有音訊，當她冷靜下來後，就又回來了，現在她又很高興了。能對自己的負面情緒、言語和行為起懺悔心，是修行有進步的跡象。

我們的想法就像受月球引力所牽引的潮汐，由於環境的影響，讓我們產生快樂、憤怒、悲傷和其他感受，一旦執著於這些反應，煩惱就會生起。在三種事障中，煩惱障是最難克服的，因為，任何的心念活動其實都是煩惱，只是深淺有所不同，即使是快樂或是入定，都仍是煩惱。

證阿羅漢的人斷了煩惱，已登地的菩薩也沒有煩惱，更確切地說，初地菩薩已經從粗煩惱中解脫，已能生死自在，但是他們仍有「到哪裡受生」和「什麼時候受生」的意向；到了第八地，也就是不思議心地（不動地），就不再有這樣的意向了。

我們都還沒有完全出離煩惱障，但是，不要因此而退縮，不要被這個事實所阻嚇。不要害怕煩

惱，起了煩惱也不必生氣，知道自己有煩惱就已經不錯了，因為每個人時時刻刻都有煩惱生起，而當我們覺察到煩惱生起時，它就已經自動減輕了。最好的態度是在煩惱生起時不要覺得討厭、不要害怕，也不要難過。不要害怕煩惱會生起，如果你非得害怕不可，那就害怕自己無法在煩惱生起時覺察到它吧！不要擔心煩惱不會結束，如果你非得擔心不可，那就擔心你對煩惱無法結束而產生的恐懼吧！

當我們的心平靜的時候，可以輕易看見自己的煩惱，這是好事；但是，當煩惱太重而無法覺察到時，就有問題了。因此，煩惱一方面是修行的障礙，另一方面卻也是修行的助緣，激勵我們登上更高的層次。

第二個事障是業障，有些人的生活或工作可能會使他們難以接受佛法或修行。我認識一個在基督教會工作的人，他很想跟我學佛，但那可能會使他失去工作，這是典型的業障。很多人想參加禪修，卻因為工作忙碌而不能來。其實，如果有堅強的決心或深厚的善根，這樣的障礙是可以輕易克服的，因為你可以調整行程甚至改行。臺灣有個豬農去世後，兒子和女婿繼承了家業，因為他們做的是殺生的工作，於是就不再到寺裡來了，我告訴他們還是

要來，也要試著改行。

報障就是業報，通常指的是下三道的眾生所面對的障礙。以畜生為例，即使有些畜生能了解佛法，卻無法修行，因為諸如禪坐的修行方式，通常需要保持特定的姿勢，這只有人類能做得到。在特別的情況下，報障指的是某些人類所面對的障礙，這可能是因為有嚴重的缺陷而無法修行的障礙，以及出生在沒有佛法老師的地區的障礙，出生在那些地方是業力的結果，所以屬於報障。

每個人多多少少都有理障和事障，眾生的本質就是如此，我們所能做的，唯有堅忍不拔地修行。

> 善男子！一切眾生皆證圓覺，逢善知識，依彼所作因地法行，爾時修習便有頓、漸。若遇如來無上菩提正修行路，根無大小，皆成佛果。若諸眾生雖求善友，遇邪見者，未得正悟，是則名為外道種性。邪師過謬，非眾生咎。是名眾生五性差別。

佛教講眾生有五性差別，這是依他們所選擇的修行道路而言，前二性——聲聞和辟支佛——皆屬於小乘的解脫道，而第三、第四性是菩薩和佛，屬於大乘的菩薩道，前四性包含了所有依佛法修行的

人,而第五性指的是沒有正確修行佛法的人,也包括外道。這五性包含了所有的眾生。

佛教承認其他宗教的正當性,任何能獲得人們尊敬、認同和信仰,能夠利益人類的宗教,都是好的。如果一個宗教有長遠的歷史,並且被廣泛地接受,這表示人類已經從中獲得了利益,因此我們不能否定其他宗教的好處。

一個廣被接納的宗教,必須對個人生活的安定與群體生活的和諧有幫助。群體生活從家庭開始,然後擴大到社會和國家。宗教為人們提供了信仰和行為上的具體理論與觀念,促成個人與群體的安定。有些宗教講上帝的力量和意志,有的則講業力。如果沒有宗教,會很難維持社會的和諧,而即使有了宗教,還是無可避免地會有一些投機分子,只想到自己的利益,不為他人著想,不顧更高的生命原則。

任何一個成功的宗教都有一套行為的規範和教理,以此為基礎,也都以個人的安定和社會的和諧為目的。宗教之間儘管有差異,卻也有共同點:那就是對人類道德和倫理行為的規範;雖然具體的要求可能會有所不同,但宗教給予信眾安定、希望和慰藉的總體結構卻是相似的。

宗教之間的差異,是佛教所謂的「內道」和

「外道」的關鍵。傳統中的「外道」，指的是任何信仰非佛教教義的修行者；而真正意義上的「外道」，指的是任何對自己的自性沒有真正的了解，還在追求自我、物質或精神上利益的人；更確切地說，所謂的「外道」，指的是任何與佛法所說的空性不相應的人，依照這個定義，大部分的佛教徒其實都是外道。

絕大部分的人都是「外道」，我們可以把他們分成兩類：第一類包含那些不能或不願接受佛教的人，這樣的人無法進入佛教的「內道」，因為他們的業力和信仰把他們帶到別處去了；第二類的人包含那些善根不深，仍然在為自己追求物質和精神上利益的佛教徒，這些人因為已經能夠接受佛教的教義，所以比較容易進入「內道」。

因此，嚴格地說，除了聲聞、辟支佛、菩薩和佛以外，所有眾生都是「外道」。「內道」的四性包括那些已經證得佛法聖位的修行人，有多少佛教徒有這樣的成就呢？重要的是，藉由修行，學佛的人最終必定能進入「內道」，所以不需要氣餒，也不要認為「外道」是貶損的稱呼，被歸類為「外道」並不可恥。

眾生屬於五性中的哪一性，是依據因果（業）和因緣，它取決於我們在無量生中所做過的事、所

擁有的興趣，有些人對佛法已經有廣泛的接觸，並且已經修行了很久；另一些人則很少接觸佛法，或還未曾修行過。

有些人常常接觸佛法，也很積極修行，但是卻沒有開闊的心量，這些人還沒有真正發起幫助眾生的宏願，他們努力想使自己從痛苦中解脫，而不是為所有人的解脫而努力，他們屬於「內道」中小乘的修行人，因為業力的關係，缺乏幫助眾生的力量。這可以用一個譬喻來說明，有一個很會游泳的少年和兩位不會游泳的成年人一起跌進又寬又深的河裡，那兩個不會游泳的人向少年人求助，而他卻救不了他們，因為他太弱小了，即使他想幫助這兩個人，自己也無能為力。同樣地，追求自我解脫的小乘行者，修行和業力都不夠深，因此無法幫助無數的眾生，但是，只要他們繼續修行，久而久之，必定會走上菩薩道和佛道，就像少年的泳者會長大成強壯的青年，而能救渡溺水的人。這些人之所以是小乘行者，是因為過去生的業力使然，他們不一定會永遠停留在這個層次。

菩薩和佛因為他們的根性而成為「內道」的行者，就他們的修行來說，在質和量上都有不同。禪有頓悟和漸悟兩種，但是，從更廣的視野來看，頓悟並沒有比較優越，而漸悟也沒有比較低劣。這裡

用另一個譬喻來說明：如果我的背包裡有五磅的鋼球，而你的有一盎司的鋼釘，兩種都是鋼做的，但是你的釘子像針一樣尖，所以很容易將背包刺破，讓大家看到它；而我的鋼球雖然看不到，卻很重，時間久了，也一樣會穿破背包，結果是同樣的。事實上，球弄的破洞會比釘子刺破的大，釘子代表頓悟的修行，而球代表漸悟的修行，漸悟的行者著力於建立寬廣的基礎，而頓悟的行者則著力於突破。

也可以說，佛根性是頓悟的根性，而菩薩根性是漸悟的根性。從業的角度來看，不能說這兩種根性的其中一種比另一種好，根性是過去所造的業的結果，我們不能給它貼上價值標籤。這就好像骨架大的人也許比骨架小的人強壯，但是強壯並不是唯一有用的品質，有時候小骨架的人反而更有優勢；同樣地，我們不應依人們屬於五性中的哪一種來評價他們。

雖然追求偉大的真理和更高修行層次的人，開始時都會以無上的境界為目標，有時候卻也會成為「外道」，這是因為前世的業力，促使他們往不同的方向去。有這麼一個故事：一位年輕的僧人離家到遠方參訪，尋找一位有名的老禪師，走了幾千里路後，終於到達目的地，看見一位穿著農裝的老和尚在耕地。這位僧人就問他：「老禪師在哪

裡?」老和尚說:「你找他做什麼?」年輕的僧人回答:「我想親近他,跟在他身邊學習。」老和尚說:「你願意跟著我學習嗎?」年輕人對著老和尚上下打量了一番,覺得他不太起眼,不符合自己認為禪師應有的形相,就回答說:「不太想。」務農的老和尚告訴他:「既然如此,我勸你還是不要去找那位禪師了,因為他比我還糟糕。」

　　年輕僧人沒有意識到,那位老農就是他要找的禪師,失望之餘,就到其他地方求教去了。有人指點他到鄰近山區的洞穴中去獨自生活,吃野草、以樹葉蔽體,他們說,這種自然的生活方式,才與大修行人相符。他在洞中獨居了三年,修行沒有任何進展,於是覺悟到這樣獨居下去,永遠都不會知道自己的修行是否有突破。最後,他離開了,回到務農的禪師那裡,跟在他身邊學習。

　　這個故事的重點是,年輕的僧人因為業力的牽引,使他在山裡以「外道」的方式修行了三年,但是因為他有強烈的「內道」根性,所以最後又回到了禪師身邊。如果他的「外道」根性再強一些,他在山裡可能會有一些很強的個人體驗,使他滿足於那種修行方法,那麼,他就不會再回頭去找那位禪師,也會因此放棄禪的修行。

　　「外道」的邪見來自於執著,特別是對「得」

與「失」的執著。例如，有些人修行時，會得到神通，譬如天眼通、天耳通或他心通。這些神通有極大的誘惑力，很少人在擁有這些能力後，仍能不偏離地修行，一般的凡夫都會因為對世俗利益的貪心和執著而執取這些能力、濫用這些能力。

當我在山裡閉關時，有人來拜訪我，求我救他臨死的父親。我告訴他，我可以發願、迴向和誦經，這可能對他父親更有幫助，但我不能保證他的父親能康復。這個人希望我能用直接的方式幫他的忙，我告訴他我沒有這樣的能力，而且他父親的遭遇，是由自己的業力所決定的。他後來向一個宣稱有神通的組織求助，當他拜訪那個組織時，那些人告訴他：「我們正在等你，你父親的狀況我們已經知道了，只要你拿出五千塊美元，我們會把一切事情都處理好。」他同意了，但是兩個月後，他的父親卻死了，他回去找那些人，要求退錢，卻被人家罵著說：「正因為我們所做的法事，你的父親才能升天，你應該感謝我們才對！」這人要求他們拿出證據來，那組織裡的其中一個人就開始作法，然後突然用他父親的聲音說話，把這兒子罵了一頓，這使他深受感動，因此留在那個組織裡，成為忠實的信徒。

我們也許會覺得這個人怎麼這麼容易受騙，事

實上許多原本不相信這些事情的人後來都皈依了類似的教派,因為有些人真的有神通。但是,如果你真的走上這條路,即使一輩子都跟著他們,也不代表你永遠不會再回來修學佛法,它只意味著,在那個時間和修行階段裡,你的業力使你朝著這個方向走去,這個階段一過,你的業力仍可能將你帶回佛法的路上。

如果你有正確而穩固的佛法基礎,你會發現世界上的確有許多神祕、奇妙的現象和力量,你也會知道它們不能帶給人們真正的利益。從表面看,開發這些力量所帶來的利益似乎很大,而以這些力量為基礎所給的建議也似乎是可靠的,但是,這些力量都是短暫易逝的,應用它們就有如向銀行借錢,不止要償還本金,還要附加利息。想要在任何的修行路上有所進展,必須靠自己的努力,任何其他的方式都有違因果。學佛的人,目的是依隨佛法來修行,逐漸由「外道」走向「內道」。

善男子!菩薩唯以大悲方便入諸世間,開發未悟。乃至示現種種形相,逆、順境界,與其同事,化令成佛、皆依無始清淨願力。若諸末世一切眾生,於大圓覺起增上心,當發菩薩清淨大願,應作是言:『願我今者住佛圓覺,

求善知識,莫值外道及與二乘。』依願修行,漸斷諸障,障盡願滿,便登解脫清淨法殿,證大圓覺妙莊嚴域。」爾時,世尊欲重宣此義,而說偈言:

彌勒汝當知　一切諸眾生
不得大解脫　皆由貪欲故
墮落於生死　若能斷憎愛
及與貪瞋癡　不因差別性
皆得成佛道　二障永銷滅
求師得正悟　隨順菩薩願
依止大涅槃　十方諸菩薩
皆以大悲願　示現入生死
現在修行者　及末世眾生
勤斷諸愛見　便歸大圓覺

　　我已經講解了什麼是「外道」,而聲聞和辟支佛(二乘)是小乘解脫道的行者,現在我要說的是大乘的菩薩。

　　所有的菩薩都發四弘誓願:願度無邊眾生,願斷無盡煩惱、障礙,願學無量法門,願成無上佛道。這四弘誓願對發心行菩薩道的人非常重要。雖然這些願看起來似乎不可能實現,但是要知道,在

生起堅定的菩提心以前，大家都像未發芽的種子，或許現在還無法實現這些誓願，還不完全了解這些誓願的真實意義，也可能不知道行菩薩道而成佛是必要的道路，儘管有這種種的不足，我們仍然應該發這四個弘願。

很多人對自己沒有信心，不想把目標定得太高，怕自己無法完成。因此，他們設定了許多較小的目標，一步接著一步來做，每完成一步就評估成果，再決定是否要定下一個目標。這就好像有人不知道自己是否有足夠的才智把書念好，就發願先讓自己念完高中，然後再決定是否上大學，接著再考慮研究所。

量力而為很正常、很好，畢竟一個人的生命、能力和前世積累的功德終究是有限的，我們也許無法完成自己設定的所有目標，但是，如果不設定高遠的目標，只是一步一步地走，很難估計到底能走多遠，有可能在到達一定的程度後，就會因為滿足現狀而停下來，或是累得不想走了。善根深厚的人，通常一開始就有信心定下高遠的目標。

期待每個人都能完成他們所設定的目標是不實際的！這世界能成為總統和億萬富翁的人畢竟有限，人的生命很短暫，而障礙卻很多，對於這類世間的事業，設定目標時，採用走一步看一步的方式

可能比較好。可是，行菩薩道和學佛，不應該用這樣的態度；修行時，如果先走一小段路，再看看下一步怎麼走，那是不正確的。世俗的欲望僅局限於一期的生命之中，修學佛法則是無止盡的，跨越未來的無數生，所以並不受時間和現有的狀況與處境所限制，也就沒有什麼障礙和困難是永遠無法克服的。有些人很快就會成佛，有些人則需要無數劫，但是，因為有無量的時間可以修行，我們可以有充分的信心，相信每個人都能達到最高的層次。

我曾經有個一點都不聰明的朋友，他發願如果能考上大學，一定要完成學業。他說：「即使要花八年的時間，要付出比別人多雙倍的努力，我知道自己一定做得到！」這樣的自信是值得欽佩的。修行要能得力，就要有這樣的信心。我們也許會覺得自己善根不夠深厚、福德不夠大，但是這無所謂，只要願意從現在開始努力，就已經撒下改變未來的種子了。大家都知道龜兔賽跑的故事，雖然兔子跑得很快，但是烏龜不去管它，只把眼光放在目標上，依著自己的速度前進。同樣地，修學佛法的人不要因為失望而放棄目標，應該給自己定下最高的目標，堅定不移地走下去。

於此同時，不要讓自己懈怠，不要以為既然有無量的時間，就可以先享受一下再開始修行。我們

無法預料,也不能保證自己下輩子會投生到哪裡,會成什麼樣子,既然得生為人、得聞佛法,更知道佛法的可貴,就應該把握這麼好的境遇,現在就開始修行,為未來打下更堅固、更好的基礎。

當然,在剛剛起步時,不能期望自己能即刻落實所發的誓願。在短短的一生中,不可能救度無邊的眾生;但是,一生接著一生,我們的能力和影響力都會逐漸成長,不斷擴大,也就能幫助愈來愈多的眾生。所以,不需要在此刻擔心自己是否已經在度無邊的眾生了,只要在心裡先設下這個目標,然後開始積極修行就好了。

另一個願是法門無量誓願學。菩薩用許多方法來幫助眾生,對個人來說,也許只需要一個方法,但無數的眾生有不同的程度和根器,就必須用不同的方法。例如,我在美國教禪,必須學著用英語溝通,而當我在日本讀書時,則必須學日語。語言只是工具的一種,除此之外,還有很多工具需要掌握。

在發願後,我們必須衡量自己的能力,然後照著去做,這是很自然的。例如,幫助眾生時,明智的作法是從周圍的家人、朋友和熟人開始。如果不顧親近的人,只談幫助一切眾生,從螞蟻、蟑螂開始做起,那是顛倒的。佛經上說,我們應當從與我

們有相似處境的人開始著手,然後擴大到能力所及的最大範圍。

《法華經》的〈普門品〉,描述菩薩以無數的化身示現,救度一切眾生,菩薩以最適合各別眾生的形體和特質示現,因此,他們能在任何狀況下,應機傳遞佛法,利益眾生。

生而為人是很殊勝的,因為我們能把所學的佛法傳達給他人,如果能夠做到這一點,就可以被視為菩薩的化身了,雖然我們自己不一定這麼看,但我們的確已經踏上了菩薩道。

信仰菩薩的人,通常會期望依怙菩薩,得到菩薩的幫助,對信心不足的人來說,這是很正常的。但是,真正的修行人不應該僅僅接受菩薩的指導和幫助,還應該利用自己的所學去幫助其他眾生,所以,我鼓勵修行人,應當盡力將所學的佛法與他人分享,這就是菩薩行。

第六章

清淨慧菩薩

於是,清淨慧菩薩在大眾中,即從座起,頂禮佛足,右繞三匝,長跪叉手而白佛言:「大悲世尊!為我等輩廣說如是不思議事,本所不見,本所不聞。我等今者蒙佛善誘,身心泰然,得大饒益。願為一切諸來法眾,重宣法王圓滿覺性。一切眾生及諸菩薩,如來世尊所證、所得,云何差別?令末世眾生聞此聖教,隨順開悟,漸次能入。」作是語已,五體投地,如是三請,終而復始。爾時,世尊告清淨慧菩薩言:「善哉!善哉!善男子!汝等乃能為諸菩薩及末世眾生,請問如來漸次差別。汝今諦聽!當為汝說。」時清淨慧菩薩奉教歡喜,及諸大眾默然而聽。「善男子!圓覺自性非性性有,循諸性起,無取無證,於實相

中實無菩薩及諸眾生。何以故？菩薩、眾生皆是幻化，幻化滅故，無取證者。譬如眼根不自見眼，性自平等，無平等者，眾生迷倒，未能滅除一切幻化，於滅、未滅妄功用中，便顯差別。若得如來寂滅隨順，實無寂滅及寂滅者。

這裡，佛陀從無分別的立場來描述眾生、菩薩和佛的差別。從佛的角度來看，差別的產生，只因為眾生有分別心，佛看眾生是沒有差別的。但是，因為我們無法從觀念上理解這個境界，只好從差別入手來探討無差別。

差別和無差別是以佛法中「性」的觀念為基礎。「性」指的是一切事物的基本本質。在中國思想裡，性有兩面：其一是所有事物所共有的共性，其二是事物之間的差異性或特性。例如，所有的鳥，皆因有羽毛、鳥喙、翅膀等特徵而被認定是鳥類，但是鳥有很多種，每一種都有各自因適應環境而產生的特徵和行為：有些吃肉，有些吃種子，有些棲息在樹林裡，有些在水邊。再仔細看，同一種類的鳥又有很多不同的地方，如果更仔細地觀察，會發現每一隻鳥都有自己獨特的地方。

人與物的差別，源於各自的特性，而無差別的地方，則源於共性。我們不可能完全忽視差異，例

如，不管男人和女人對性別平等的看法如何，終究只有女人能生孩子。我們不能將已經存在的差別變成無差別，「法住法位」，世界上的每個個體，都有各自的定位和特點，世界不能被縮減，成為一團混無區別的物體。

其實，物與物之所以能相互作用，正因為它們之間有差異。有一對夫婦向我抱怨，說他們太愛吵架了，我告訴他們，嬰兒哭表示他很健康、很強壯，哭只是表達他有所需求，如果嬰兒從來都不哭，那可能就有問題了；同樣地，夫妻爭吵很健康，至少他們願意表明彼此之間的問題。

這個世界的運作也一樣，當不同的事物接觸時，不是混合在一起，就是相互摩擦，不管怎樣，相互作用後，即產生了新的東西，正因為有差別，才有相互作用。沒有任何東西是不變的，一切都在不斷地轉變中，但是，差別從來都不曾與無差別分離過。不管兩隻鳥之間有多大的不同，牠們仍然是鳥，在差別之中仍有無差別。

大約三十年前，我在一場演講中，看到一位中國男人坐在一位美國女子旁邊，女的換了位子，男的也跟著換，因為他想繼續和她談話，這女的轉過頭罵了他一聲：「笨蛋！」也許當時的美國人認為亞洲人很愚昧，而現在，當我回臺灣時，也有人

跟我說：「師父，您為什麼要浪費時間去教美國人呢？他們太笨了，沒辦法學佛的！」從古至今，人們就是如此，總是本著人、事、物之間的差異來做分別。

前面所講的差別是從傳統的角度來看的，而經文所講的，則是一切事物內在的本性或自性，自性是絕無差別的，它沒有分化，也不動。這很難理解，讓我舉個粗略的譬喻來說明：物質以固態、液態和氣態三種狀態存在，視條件而定，水可以變成蒸氣或冰，然而它的分子結構卻不會改變，雖然外觀有所不同，本質卻是一樣的。佛所說的本性也是不變的，現象可以改變，可以相互作用，本性則不然。現象隨著因緣而生滅，它們是暫時的，只「存在」於轉化的過程及與其他現象的互動中，如果獨立地看，並沒有真實的存在，因此佛說它們是空幻的。正如液態水、蒸氣和冰是水分子的不同顯現，眾生也有同一的本性。

雖然說所有的事物都是相同的，但並不代表一切都一模一樣。因為因緣的關係，事物之間會顯現出差異，但根本上，它們是沒有差別的。所有眾生都有圓覺的本性，儘管如此，眾生仍然迷惑，這是因為我們被自己的偏執習性和周圍的環境所影響。當環境與感官相互作用時，激起了我們的偏執習

性,依此而有了差別。我們或許能在理性上接受世界是無有差別的,但是,妄想和執著卻使得我們陷入差別相中。我們被外緣左右,因此而轉、而變,所以,就如同我們所經歷的一切及世界上能被認知的所有事物,我們自身也是虛妄的,菩薩和眾生都一樣。因此經文說:「於實相中實無菩薩及諸眾生,何以故?菩薩、眾生皆是幻化。」

佛很慈悲,告訴我們一切本來就是沒有差別的。但是,即便是我們對無差別的認知,也都是不淨的、有差別的。如果我們認為自性可以外求,就已經在以差別來對待它,也就無法體驗到它,只會再次陷入妄想之中。唯有見到差別中的無差別,那才是佛所說的本性。

善男子!一切眾生從無始來,由妄想我及愛我者,曾不自知念念生滅,故起憎、愛,耽著五欲。若遇善友,教令開悟淨圓覺性,發明起滅,即知此生性自勞慮。若復有人勞慮永斷,得法界淨,即彼淨解為自障礙,故於圓覺而不自在,此名凡夫隨順覺性。善男子!一切菩薩見解為礙,雖斷解礙,猶住見覺。覺礙為礙,而不自在,此名菩薩未入地者隨順覺性。善男子!有照有覺,俱名障礙。是故菩薩常覺

不住,照與照者,同時寂滅。譬如有人自斷其首,首已斷故,無能斷者。則以礙心自滅諸礙,礙已斷滅,無滅礙者。修多羅教如標月指,若復見月,了知所標畢竟非月。一切如來種種言說開示菩薩,亦復如是。此名菩薩已入地者隨順覺性。

菩薩道可以分為三個層次:第一個層次是十信位,也就是仍是凡夫的菩薩;第二個層次是十住、十行及十迴向位的菩薩;第三個層次是十地的菩薩,其實,我們可以在這三個層次前再加一個層次,含括那些未曾聽聞佛法的人,那麼,就有了四個層次。

依三個層次的分法,未曾聽聞佛法,或者已經知道佛法,卻對佛法沒有信心的人,還沒有達到菩薩道的第一個層次,他們仍有很強的自我,對自己的地位和自己所擁有的事物仍然有很強的執著。其實,他們所執取為自我的,只是心內相續的念頭,是這些念頭製造了一個堅固、持久的個體的幻相。多數人所認為的自我,是由身體及身體的需求,結合了個人的思想、見解、觀念和感覺所組成的。以這些因素為基礎,人們對自己、他人和事物產生了喜惡的分別,如果事情順利,能夠如願以償,就覺

得很好；如果欲望沒有得到滿足，則覺得很糟。

身體和心理都有一定的需要。你們或許會期盼生活能夠完全無憂無慮，但是如果一生中就只是吃和睡，不做任何事情，我不認為你們會快樂，那種生活反而會使你們想要找點事情來做。如果心裡沒事，會覺得不舒服，悶得發荒，身體也一樣。

我認識一位女士，她幫一對有錢人照顧小孩和狗，這對有錢夫婦住的地方離她家很遠，所以她大部分的時間都無法與自己的家人和朋友在一起，而她所做的事，就只是看著嬰兒和狗，她對我說她無聊到快瘋了！我告訴她，我曾經單獨在山上住了六年。她問：「你沒發瘋嗎？那你都怎麼消磨時間呢？」從這位女士的觀點來看，獨自在山裡住上六年簡直不可思議。

有些人在知道自己的身體和生命都在不斷變化後，會納悶地想：「如果身體一直在變，真的可以稱它為『自我』嗎？」他們的結論是：既然不是身體，一定另有一個東西──精神或者靈魂──是「我」。但是這精神或者靈魂真的是「我」嗎？如果我們仔細尋找，只會發現一系列看似連續的念頭，而它們也不斷在變。我們能確切在這些不斷遷流的念頭中，指定其中一個為「我」嗎？我們能清楚、具體地指出一個東西，認定那就是正在思考的

我嗎？

如果你能完全接受我到目前為止所說的內容，那你就可以接受佛法對身、心的觀點——身、心都是因緣和合所成。能接受佛法，就可以開始修行了。藉由修行，就能慢慢體證佛法的要義：身、心不是恆常的，一切事物都在瞬息變遷中，沒有任何東西可以稱為「我」。這其實就是三法印，能有這些體證，就能超越執著而得自在。大部分的人會認為，這樣的自在就是修行的終點了，但是，如果認為自己已經祛除了煩惱，得了自在，那仍然是一個障礙。

在修行的過程中，開始時身體不舒適以及有所欲求的狀況，可能會轉成輕安和自在，許多人會因為這個轉變而覺得自己已經得到了解脫，這種情況在修行路上常常發生。剛開始時沒有任何體驗，而修行稍微得力後，會體驗到身體的輕安，心境的舒適、祥和與清淨，其實，這都是阻礙修行人趨向解脫的障礙。

有人問我：「解脫的感覺如何？」我說：「如果真得解脫，就不會執著感覺，如果你有某種感覺，那表示還沒有解脫！」聽我這麼說，他就提出自己對《金剛經》經文「應無所住而生其心」的理解，他認為無住就是解脫，而生心則表示還有

感覺。我告訴他：「如果你對所處的境界有某種感覺，那就是有所住，也就是說你尚未得解脫。解脫是不可能用什麼樣的感覺來說明的，只能由自己去體驗。」很多人無法理解這一點，他們認為清淨、自在的感覺，就是無住，就是解脫，事實上，這都是障礙，這些人都還在菩薩道的第一個層次。

第二個層次指的是接下去的三十個菩薩位，包括十住、十行和十迴向。這個層次雖然已經是聖位，到了這裡的菩薩也已經知道清淨和自在的感覺並不是真解脫，但是他們對這個知見仍有執著，這樣的執著也是一種障礙。

一般人無法辨識修行人的層次，但是一位禪師或者有實證的修行人，透過一兩句話就能知道一個人的境界。例如有人問：「你開悟了嗎？」如果被問的人回答：「我不能確定，但感覺上好像是吧！」這個人仍在第一個層次。

曾經有一位修行多年的人來找我，說自己在十年前有過開悟的經驗，希望我給他認可，我就問他：「你對名、利和性愛感覺如何？」這個人說：「我的心時時都是自在的，任何時候都沒有執著，但是我的身體仍然有需要！」這個人仍在修行的第一個層次。

禪宗有一個公案，當仰山還在溈山禪師那裡參

學時，有一天在外面牧牛，遇到了泰上座，泰上座問他說：「一百億頭獅子在一百億根毛髮上顯現，你怎麼說？」仰山一句話也不答，轉頭就走了。一般人會認為這個問題很荒謬，但是對於這兩位修行有素的人，卻不如此。

當晚仰山在師父身邊侍候，看到泰上座走來，就對他說：「剛才在外面問我一百億頭獅子在一百億根毛髮上顯現的，不就是上座您嗎？」泰上座說：「正是我！」仰山接著說：「好，那我問您，當這些獅子在毛髮上顯現時，是在毛的哪一端？是前端呢，還是後端？」泰上座說：「顯現時沒有前或後，沒有此端或彼端。」有些人會認為，泰上座很聰明，答得很好。但是，仰山聽了他的答覆後，卻即刻拂袖而去。溈山禪師轉頭看著泰上座，跟他說：「你完了！你的獅子已經被砍成兩半，變成死獅子了。」

泰上座說，沒有前或後，也沒有上或下，但是他仍有「中間」──也就是當下，他仍然執著於有一個整體，所以屬於第二個層次。禪宗主張越過第一和第二個層次，直接頓悟進入第三個層次。到了菩薩道的第三個層次，覺者和他智慧的光明都消失了。這裡，光明指的不是心的某種狀態，而是一位真正的覺者的一切功用、一切舉止。如果有人認為

自己已經覺悟了，認為自己的大智慧可以用來救度眾生，那麼這個人頂多是在第二個層次。

到了第三個層次時，最高的山和最低的谷就都是一樣的了。對於太空中的衛星，喜馬拉雅山的最高峰其實是最低點，因為在衛星從高處往下看，所有的東西都顛倒過來了，到底什麼是高的，什麼又是低的呢？《法華經》裡的常不輕菩薩，看每個人都是佛，他認為自己是個凡夫，而每個向他求助的人，都是在幫他獲得解脫的菩薩。

菩薩所屬的層次，依心境而定，如果認為自己在救度一切眾生，仍有主、客的分別，那麼他們仍在第一個層次；如果心裡沒有這樣的想法，則已經到了第二個層次。

在第三個層次的人，沒有覺悟的念頭，也不留覺悟的痕跡，不覺得自己是已開悟的人，也不覺得自己的智慧光在照耀。其他人或許會把他們看成開悟的聖者，但那只是別人的想法。這個層次的人，沒有煩惱，也沒有智慧。

到了第三個層次，就已經不需要斷煩惱了，因為根本沒有煩惱可斷；不需要追求智慧，因為沒有智慧可得；不需要成佛，因為無佛可成。

有位僧人向一位禪師請教：「什麼是佛？」這位禪師笑著說：「你找個佛給我看，我一棒打死

他,拿去餵狗!」這位禪師已經在第三個層次了,因為他已經不再執著佛的概念。但是,我們還在第一個層次的初步階段,仍需相信有煩惱可斷、有解脫可得、有佛可成。因此,我們沒有必要去揣測第三個層次到底是什麼樣子。

善男子!一切障礙即究竟覺,得念、失念無非解脫,成法、破法皆名涅槃,智慧、愚癡通為般若,菩薩、外道所成就法同是菩提,無明、真如無異境界,諸戒、定、慧及婬、怒、癡俱是梵行,眾生、國土同一法性,地獄、天宮皆為淨土,有性、無性齊成佛道,一切煩惱畢竟解脫,法界海慧照了諸相,猶如虛空,此名如來隨順覺性。善男子!但諸菩薩及末世眾生,居一切時不起妄念,於諸妄心亦不息滅,住妄想境不加了知,於無了知不辨真實。彼諸眾生聞是法門,信解受持,不生驚畏,是則名為隨順覺性。善男子!汝等當知如是眾生,已曾供養百千萬億恆河沙諸佛及大菩薩,植眾德本。佛說是人,名為成就一切種智。」爾時,世尊欲重宣此義,而說偈言:

清淨慧當知　圓滿菩提性

無取亦無證　無菩薩眾生
覺與未覺時　漸次有差別
眾生為解礙　菩薩未離覺
入地永寂滅　不住一切相
大覺悉圓滿　名為遍隨順
末世諸眾生　心不生虛妄
佛說如是人　現世即菩薩
供養恆沙佛　功德已圓滿
雖有多方便　皆名隨順智

佛以「無分別」的開示，來總結他給清淨慧菩薩的回答：「一切障礙即究竟覺」，煩惱即是菩提，輪迴即是涅槃。但是，大家必須知道，這是佛的境界，不是凡夫認知。

一般的眾生，如果在還未開悟時，即以佛的知見為己用，那是很不智的。我們仍然需要正視未悟的凡夫與菩薩的差異，我們必須知道，因為有煩惱，自己仍然在輪迴中沉淪；反之，佛與菩薩因為沒有煩惱，已超越了輪迴，這是與我們的境界相符的認知，是一般眾生慣有的見解。

一般眾生是無法了解佛的知見的，我們當然可以試著從理性上去理解煩惱和菩提是相同的，但是如果想要真實地了知這個道理，就必須從頭做起，

走上修行的成佛之道,唯有如此才能不斷上進,最終悟入佛的知見,這是最安全的方法。如果我們一開始就主張煩惱即是菩提、輪迴即是涅槃、眾生與佛等同,我們會很快、很容易產生錯誤的想法,對佛法生起顛倒的見解。

經論裡常常提到障礙,我們可以說障礙就是讓我們不能進行或完成自己想做的事的東西。我們常常為障礙找藉口,例如環境不好或是自己能力不足等,其實,除了我們自己之外,真的不能埋怨任何人或任何事。

有一位美國女士告訴我她到印度朝聖的事。這位女士一句印度話都不會說,而且她去的地方很多都偏遠難達,必須在危險的道路和小徑上長途跋涉,有人警告她說,很多朝聖的人都在路上死於土石流、暴風雨、意外和疾病。這麼危險的一趟旅程,她仍然去了。她與在座的每個人一樣,沒有什麼異能,她不是女超人,她所擁有的,是完成目標的決心和毅力,所以她辦到了。

這位女士所做的,我們每個人也都能做。像這樣的人並不特殊,並沒有受到上帝的恩寵,也沒有神或天使在保護他們,他們只是勇於設定目標,然後去實踐的普通人。而認為自己無法成事的人,卻把自己看成是特殊、超凡的。其實,這些信徒都

能做同樣的事,問題在於,他們總是覺得自己有障礙,覺得自己無能、沒有價值。

愚公移山的故事,所體現的正是這種精神。愚公的家門前有兩座山,不管到哪裡,都必須繞山而行,非常麻煩。有一天,他下定決心要移開這兩座山,人們嘲笑他,認為這是徒勞無功的,他卻一點都不為所動,堅持要做;他不擔心工程的浩大,只打算用他僅餘的生命,一石又一石,一步步地把山移走,而他的子孫如果願意,也可以繼續這個工作。

還有一個故事,說明我們所下的決心不一定要和愚公一樣偉大。我在臺灣有個弟子,這幾年來一直想要出家,可是最近卻告訴我說他要結婚了。我問他為什麼,他說這些年來,他一直愛著一位女人,而且非她莫娶,但是這位女士並不領情,所以他決定,如果不能擁有她,就要出家。即便在他住到寺院裡之後,仍一直寫信給她,幾年來一直保持著友情。不久前這位女士在一場嚴重的車禍中受了傷,到醫院住了好幾個月,這個弟子每天都去探望她,最後終於打動了她的心。

障礙其實只是心中的問題,我們之所以無法成就事情,都是因為自己認為自己沒有能力、理解力、信心和決心,正是這樣的態度使我們無法成

功,甚至未戰先敗,不敢去嘗試。由於覺得自己不如人,所以事情還沒開始就放棄了。其實,如果能不管負面的想法,在設定一個目標後,就積極朝著它前進,是會成功的。雖然不一定能完成預定的最高目標,卻必定會有所成就,接近那個目標;能夠有一些成就,總比完全沒有成就或者連嘗試都不敢來得好。

許多人缺乏決心和毅力,在選擇了一條路後,常常會在碰到挫折後起退心,轉而去試另一條路,如此不斷地試來試去,永遠都不會沿著一條路走到終點。他們的一生就在放棄中度過,甚至是年紀已經大到無法再試下去的時候,仍會努力使自己相信,下一次就會成功。其實,這種人根本就不曾有真正的下一次,因為他們總是一上路,就立刻被負面的想法所阻撓。

有些時候,人們似乎蒙著眼睛在行動,他們的視野彷彿被魔所障礙和遮蔽了,如果真的受到外在的魔障,那還比較容易處理,但是這些魔其實都由自心所生,它們是心中的懷疑魔,缺乏決心的魔,正是這些心魔使人們無法完成目標。

佛與我們的差異,在於他們不會讓自己的心障礙自己想做的事。遇到不如意的事,我們會埋怨天氣、埋怨家人和朋友、埋怨工作、埋怨年齡、埋

怨身體的狀況，但這都是藉口。人們總是用各種理由，告訴我他們為什麼不能修行和打坐，他們相信是外在的因素在阻礙自己去修行。事實是，如果真的下定決心修行，根本沒有什麼東西能阻礙他們；不修行，是被自己的心所障礙了，任何理由都是藉口。

經文說「一切障礙即究竟覺」，雖然事實真的如此，但這對未開悟的人來說沒有什麼意義。我說過，禪修可以提昇我們的智慧，可是有人告訴我，他不需要禪修，他可以經由犯錯來學習，因為錯誤本身就是智慧的鑰匙，從錯誤與痛苦中，他學會了不再重複同樣的錯誤。我告訴他這很好，但是，如果有禪修，可能根本就不會犯那些錯誤，也就不需要付出艱辛的代價，從錯誤和痛苦來學習了。

禪修可以幫助我們學習避免犯錯，雖然我們的層次不高，還無法清楚認知這一點，但是我們可以從大修行人的教導中確認它。如果沒有這些大修行人的經驗可以參考，沒有過來人的教導和指引，獨自走完這趟旅程幾乎是不可能的，即便是有好老師的指導，這條路仍然非常難走，古人如此，今人也一樣。有些人甚至無法從禪修入門，這些人必須經過很多磨鍊，在成為更好、更健全的人之後，才能開始禪修。

經文中所說的障礙，除了心理的障礙外，還包括業障。業障可以透過各種各樣的方式示現，例如，有人會因為環境或職業的關係在禪修時遇到重重困難，基本上，業障是生活中限制我們身、心的任何事物。我在臺灣時，定期在星期六講經，一般約有六十位聽眾，在這六十人當中，只有四位男士，有一位男士為此感到很困惑，我告訴他，也許臺灣的男人整個星期都要工作，星期六必須留下來處理雜事；相形之下，能來聽經的男士，沒有那麼重的業障。

那麼，為什麼經文說「一切障礙即究竟覺」呢？從某個層次看，障礙為我們提供了累積功德、加強決心的機會。能在面對心理或身體的障礙時堅持修行，是不容易的，這必須有堅強的心力、意志力、信念和自信。我們可以選擇像小草或是像竹子，如果把一塊石頭壓在草上，被壓的草會死掉；而如果把石頭壓在竹子上，竹子卻會繞石而出，繼續生長，而且枝葉茂盛，甚至還會長出新的筍尖，石頭阻礙不了竹子。如果我們能堅持修行，反而會因為障礙的歷練而更堅強。

在佛的過去生中，當他還是菩薩的時候，就有一個人不斷出現，百般阻撓他的修行，一生又一生，一直給佛製造難題；但是當佛證得圓覺後，卻

讚歎這個人,並說如果沒有他的阻撓,成佛就得花更長的時間。

有人說,修行人必須像一隻想要從鐵牛身上吸血的蚊子,雖然蚊子的努力徒勞無功,牠卻能堅持下去。修行也應該如此堅持不輟,如果我們中途放棄,改而嘗試別的途徑,或者老是為自己的失敗做解釋、找藉口,那是不會成功的。我們必須明瞭,想要修行的是「自我」,而製造上述問題的也是這個「自我」,如果堅持下去,這些問題或障礙都會消失,當障礙消失時,自我中心也就消失了。也可以說,我們必須修行到「自我」消失為止,當「自我」消失時,所有的障礙也就都袪除了。沒有任何的「我」是無障礙的,只要有「自我」意識,就會有障礙。所謂的「自我」就是一個障礙,如果沒有一個「我」去製造和體會障礙,障礙是不存在的,這就是最高境界的無分別。

經文列舉了很多相對的觀念,例如涅槃與輪迴、智慧與無明、煩惱與菩提,並說它們是一樣的。對還未覺悟的人來說,這很難想像,但對已經開悟的人來說,本來就是如此。想要了悟覺者的認知,就必須修行,堅毅地克服一切猶豫和困難,不要讓自己被疑慮的心所削弱、所阻礙,也不要害怕或擔心業障現前,因為業障為我們提供了改變自

己、提昇自己的機會。如果我們被這些障礙絆倒了，沒關係，站起來繼續前進，從中學習；如果又再跌倒，就再爬起來，不管多少次，直到成功為止。

　　我們必須明瞭，當我們覺得受到阻礙時，是自己的心在障礙自己，如果不能了解這一點，就很難袪除任何障礙；而當我們明瞭障礙就在心中時，袪除它就容易多了。不要害怕業障，它對我們的修行有幫助，是我們成長的推動力。

　　這幾段文字看來似乎有些矛盾，大家可能會因此感到困惑，沒關係，就把它看成是一種障礙，利用它來讓自己成長吧！

第七章

威德自在菩薩

　　於是，威德自在菩薩在大眾中，即從座起，頂禮佛足，右繞三匝，長跪叉手而白佛言：「大悲世尊！廣為我等分別如是隨順覺性，令諸菩薩覺心光明，承佛圓音，不因修習而得善利。世尊！譬如大城外有四門，隨方來者，非止一路。一切菩薩莊嚴佛國及成菩提，非一方便。唯願世尊廣為我等，宣說一切方便、漸次，并修行人總有幾種？令此會菩薩及末世眾生求大乘者，速得開悟，遊戲如來大寂滅海。」作是語已，五體投地，如是三請，終而復始。爾時，世尊告威德自在菩薩言：「善哉！善哉！善男子！汝等乃能為諸菩薩及末世眾生，問於如來如是方便。汝今諦聽，當為汝說。」時威德自在菩薩奉教歡喜，及諸大眾默

然而聽。「善男子！無上妙覺遍諸十方，出生如來與一切法同體平等，於諸修行實無有二。方便隨順，其數無量，圓攝所歸，循性差別，當有三種。善男子！若諸菩薩悟淨圓覺，以淨覺心取靜為行，由澄諸念，覺識煩動，靜慧發生，身心客塵從此永滅，便能內發寂靜輕安。由寂靜故，十方世界諸如來心於中顯現，如鏡中像。此方便者，名奢摩他。

威德自在菩薩代表所有的菩薩向佛提出一個問題，他說，雖然所有菩薩的終極目標都一樣，趣向圓覺的法門卻不止一個，所以請佛解說菩薩們藉以通往圓覺的種種法門。佛同意了，他指出，佛法確實是共通、普遍的，其中並沒有什麼差異可以區別，但是，修行的方法和入門，卻有無數種，如果要分類的話，可分成三類：第一類是奢摩他；第二類是三摩缽提；第三類是禪那。

奢摩他是漸次修行及開悟的方法，目的是幫助修行人把散亂迷惑的心，練成集中的心，而後證入無心。禪宗的永嘉大師說，修習三昧即從奢摩他開始，奢摩他的目的就是心的靜止。

剛開始修行的人總會遇到困難，不是心很散亂，靜不下來，就是疲勞和昏沉，要不然就是因為

太急切而產生各種幻覺。如果有好的老師，或自己對修行的理論有深厚的了解，就能克服這些障礙；反之，如果沒有堅實的理解，或者沒有適切的指導，會很容易高估自己的成就，從而墮入魔境。

「業障」和「魔障」是兩種不同的障礙。「業障」由過去世所造的惡業而來，當因緣成熟，或勇猛修行時，業障就會顯現，也就是說，勇猛的修行使業障提前示現及消弭。「魔障」則是外來的，在認真修行時也會出現，特別是在修行得力的時候。可以說，當有人要跳出魔王的手掌心──脫離輪迴時，魔王會非常生氣和緊張，他會依著修行人的層次，派遣他的隨從來干擾或傷害他們；有些時候，例如在釋迦牟尼佛快證得佛果時，魔王也會親自出馬。常常有人問我，在遇到這些狀況時，應該怎麼辦？我通常會告訴他們，不管心中有什麼東西出現，都不要理會它，也可以把心中生起的一切看成是空的。對一般人來說，把事物看成空是很不容易的，因此，我們必須讓自己完全熟悉緣起法或是因緣法，將它融入我們的生活中。把自己的經驗看成空的，意思是不再去執著它們，事實上，只有在對空性有堅實的了解後，才能不理會修行中生起的任何境界，繼續修行下去。這不是對自我的否定，而是對修行中所發生的狀況最直接的處理方式，這正

是止心的修行,也就是奢摩他。

　　我在日本的時候,到過一個曹洞宗的道場參訪。我問那裡的老師,他教的是什麼方法,他說:「只管打坐。」我接著問:「那麼心裡有什麼念頭呢?」他說:「什麼都沒有。我們的方法是心中不存一念。」我說:「真的能心中不存一念嗎?」他回答:「不能。但是任何一念生起時,不要管它,只管檢查坐姿是否正確。」

　　「只管打坐」這個方法,正如其名——只關注自己在打坐,如果有念頭生起,只需要把它「忘掉」,最重要的是,不要討厭或抗拒念頭。這個方法的目的是把心從一切事中解放出來,無論心中生起什麼念頭,都不去管它,只是讓念頭過去,同時檢查自己的坐姿。這個方法非常好,用它修行的人,打坐的姿式都很好,不會彎腰駝背或左右傾斜。

　　禪宗古德說:「打得念頭死,許汝法身活。」這說明了只管打坐的道理,如果我們能穩固挺身,端坐在蒲團上,就可以把一切念頭「打死」;如果我們能在明明覺照的同時,不執著心裡的念頭,就會體驗到法身的現前,看到自己的佛性。其實,「只管打坐」不能說是一個方法,因為它沒有特別去對治煩惱,僅只是端身正坐,直到煩惱自然離開

我們的心。

　　保持心的靜止，就像是有風吹著的湖面，只要有風就有水波，風一旦停止，水波也就消失了。心在清淨、靜止時，就會消失，所謂的身和心也就沒有了，原本由身心互動所產生的東西也就沒有了，這時候我們會是平靜而穩定的。當一切都昭然明鑑時，煩惱就沒有了，這就是智慧，亦即佛心。

　　在修行時，當問題生起時，不去理它，那就是奢摩他，這很不容易做到。但是，在日常生活中，我們卻不應該對問題不理不睬。許多人在問題出現時會想逃避，他們寧願把自己灌醉、尋找刺激的事來做，或者封堵自己的心，不去思考這些問題。這種處理方式只能有短暫的效果，這不是奢摩他的「不理會」。奢摩他是一種禪修的方法，在打坐時，心理所產生的問題只不過是念頭，所以不必理會它們，但是不理會念頭並不等於封堵念頭，而是覺察它們，然後放下它們。不要讓妄想持續不斷，也不要讓自己在蒲團上睡著。讓妄想持續或者讓自己睡著都不是「不理會問題」，正確的方法是覺察自己的坐姿，然後保持正念。奢摩他的目的在於止心、降伏心和心裡的念頭，不是建構更多的障礙或讓自己懈怠。

　　如果能正確地修學奢摩他，便能制心一處，也

就是說，雖然念頭仍會一個接一個地生起，所起的卻是同一個念頭。如果心止在某個念頭上不動，那就是入定。修行奢摩他時，會失去與外界和他人的接觸，行者沉浸在禪修中，把心止在一個念頭上。

　　意識的活動與思惟模式有微細的層次，在深悟以前，「我愛」及「我相」掌控、染汙了所有的念頭。禪修讓我們覺察到這些意識的活動和模式，也讓我們知道念頭的煩動，其實，這些活動都是由我們的分別心──第六識所長養的我執產生的。經文中提到的「覺識煩動」和單只是心念的活動，二者有清楚的區別，只有在心相當安定，沒有妄想、雜念時，才能覺照到識的煩動。當念頭沉澱下來後，我們會發現，所有的念頭皆因第六識的活動而來，我們在當下所體驗的一切，都只是第六識的活動，完全沒有什麼可把持的，也沒有什麼是固定不變的。只有在粗糙的念頭和微細的意識活動都停止以後，智慧才會顯現，這即是《圓覺經》所說的奢摩他法門。

　　善男子！若諸菩薩悟淨圓覺，以淨覺心知覺心性及與根、塵，皆因幻化，即起諸幻，以除幻者，變化諸幻而開幻眾。由起幻故，便能內發大悲輕安，一切菩薩從此起行，漸次增

進。彼觀幻者非同幻故,非同幻觀,皆是幻故,幻相永離。是諸菩薩所圓妙行,如土長苗。此方便者,名三摩鉢提。

三摩鉢提的層次較高,意思是「等至」或「等持」。在這個階段的菩薩,既不離奢摩他和三摩地(三昧),也仍與外界互動;雖然心不動——不離奢摩他,卻仍有功用,包括對眾生所起的悲行。三摩鉢提修得好時,心內、心外都空無一物,但也沒有否定事物的存在,行者對外界仍有反應,就像一面鏡子,雖然不動,卻能映現無數的影像。奢摩他的目的是制心於絕對的止寂點,而三摩鉢提修的不僅只是止、寂,更能映照一切幻緣,也就是六識所能覺知的任何事物。

佛說六識、六根和六塵都是幻化的,這些識的活動皆起於煩惱心,一切法皆因攀緣心和分別心而生。禪宗的見地是:沒有攀緣和分別的心就是不動的心,不動的心就是佛性,亦即本性。至於外在的環境,指的是六根和六塵。煩惱心、本性和外境,這三者皆是幻現的,我們可以談論它們、經驗它們,但是它們都不是真實的「有」。

我們可以說,佛性是心和外境的基礎,但是依佛法的觀點,外境是心動的結果,心趣向吸引我們

的事物，背離厭煩我們的事物，如此來去搖擺，不斷因事物的刺激所引起的反應而動，所以說，因為有煩惱心，外境才存在。一般的說法是，雖然心、物的世界都是幻化的，佛性卻是真實的。《圓覺經》的觀點不同，不只認為世間的真理是短暫變遷的，還指出佛性的究竟真理也是虛幻的。

物質世界、心理世界和佛性這三種幻相，都是為了讓那些把幻相當真的眾生得以離幻而有的，因此，三摩缽提這個虛幻的方法，目的就是幫助眾生依幻離幻。

經文說：「由起幻故，便能內發大悲輕安。」輕安總是與大悲相隨，「輕」指的是沒有任何負擔或煩惱，「安」指的是靜止和無礙的狀態。大菩薩不會因為要度無邊的眾生而覺得有負擔，他們處於輕安之中；如果覺得有負擔，就有壓力，表示菩薩仍然有自我的執著，如果仍有自我，就有因煩惱而起的壓力，根本就不會有輕安。

雖然奢摩他和三摩缽提都能讓人獲得輕安，這兩種方法卻有一個重要的差異：修奢摩他時，不與眾生互動，行者獨居修行；三摩缽提則用不同的方便幻相來幫助在幻境中的如幻眾生，在這過程中，行者長養大悲心，由此得到輕安。修三摩缽提的菩薩在幫助其他眾生的同時，自己的修行也會提昇。

修行人必須時時記得，沒有什麼是真實的——心、外境和佛都如此，畢竟如果佛心是真的，那麼眾生的心、性也會是真的。藉由修行所得的平靜，也終究不是真實的，雖然從一般人的觀點來看，可以說它是真的，但從覺悟的觀點看，佛經和禪修，都是虛幻的，但是它們卻能幫助虛幻的眾生。

善男子！若諸菩薩悟淨圓覺，以淨覺心不取幻化及諸靜相，了知身心皆為罣礙，無知覺明，不依諸礙，永得超過礙、無礙境，受用世界及與身心。相在塵域，如器中鍠，聲出於外，煩惱、涅槃不相留礙，便能內發寂滅輕安，妙覺隨順寂滅境界，自他身心所不能及，眾生、壽命皆為浮想。此方便者，名為禪那。

《楞伽經》說，真正的佛法是離於語言和文字的。語言和文字指的是各種表達的方式，可以是聲音、表情、符號或任何能被感官傳達和接收的東西。《楞伽經》還說，真正的佛法離於一切心識活動——亦即思想和感受。因此，任何能被思考、感覺、說或做的東西，都不是真正的佛法。至於心是散亂、專一或者統一的，都不重要，這些境界的心都是不淨的，只有無心——沒有自我中心的活動

時，才能說心是清淨的，這就是禪那，或禪。

有一次，我經由韓國搭飛機回臺灣，正好坐在一位美國傳教士旁邊，他拿著一本雜誌，在閱讀一篇描述韓國各種宗教的文章。他問我有什麼宗教信仰，當我說我是佛教徒時，他似乎覺得有點滑稽，剛好文章裡有一張供著一千尊佛像的寺院照片，他就指著那張照片問我：「這是你的宗教嗎？」我點頭說是，這位男士輕輕地笑著說：「這些雕像都是木頭做的，你相信他們是神嗎？」我回答：「老實說，我不相信任何神。」他又問：「那你相信什麼？」我說：「我不相信任何東西。」他接著說：「那麼這些雕像有什麼用呢？」我答：「佛像對一些人有用，所以佛教就應用了它們。」雜誌的另一頁說的是天主教，我指著照片上的十字架問他：「這是你的宗教，對嗎？你相信這十字架是上帝嗎？」這位男士想了一下說：「上帝不能以任何物體和形相來代表，十字架只是個象徵。」我接著回答：「那麼我們的想法其實是一致的，十字架和佛像對需要它們的人是有用的。」這傳教士說：「不，這不一樣！十字架象徵上帝對人類的愛，但是對木頭雕像禮拜則是一種偶像崇拜。」我說：「佛經上沒有提到偶像崇拜，也沒有說對雕像禮拜是邪惡的。」他回應說：「但是聖經上是這麼

說的,對雕像和偶像禮拜是一種罪過。」我知道這麼討論下去不會有什麼結果,於是說:「你以《聖經》做為信仰的基礎,我則以佛經為基礎,你是天主教徒,我是佛教徒,我們也許不能對某些議題達成共識,但這並不代表我們之中一個是對的,一個是錯的。」

這件事發生後不久,我和一位天主教的長老神父談起事情的經過,他告訴我:「在最高的層次上,上帝是沒有形相的,上帝不需要人們的尊敬或崇拜,祂對人們無限的愛是自然的,不需要人們以愛回報,因為人基本上是愚昧的;人有付出愛的需要,上帝則不然。」我說:「如果這麼說,天主教和佛教是非常相似的。」

這些故事告訴我們,文字、語言、符號和觀念都是主觀的,它們可以被扭曲、被改變,可以被拋棄後又重新拾起,所以都不可靠。所有宗教間的對立都源於人們不同的文字和信仰,那到底誰是對的呢?沒有任何人是對的!禪那──第三類的修行,超越了所有的概念、形相和描述,要達到禪那的層次,就必須拋開形相、語言和思考。

回到剛才的故事,當飛機著陸時,我告訴那位傳教士:「我不否認上帝的存在,同樣地,佛教徒也相信佛的存在,至於我自己呢,是不相信的。」

他不可置信地問：「你身為佛教徒，怎麼能不相信佛呢？」我說：「了解佛法的人，不會對我的話感到驚訝。佛是過去的人，他們今天是否存在，是無關緊要的，修行有素的佛教徒不會對佛有所執著，不過大部分的佛教徒對這點卻還是難以理解。」

有一次我在臺灣主持禪七，告訴禪眾：「沒有佛、沒有菩薩、沒有淨土、也沒有神，把這些觀念通通放下，就只管問，今生之前，自己從何而來？當下這刻自己是什麼？」

聽我這麼說，禪眾中有位虔誠的老居士跑來告訴我，說他要走了，我問他為什麼？他說：「三十多年來，我一直依怙著佛和菩薩在修行，本著將來定會成佛或菩薩的信念，度過了許多艱難的日子。現在聽你說，他們都不存在，如果我相信你，就得承認自己浪費了大半輩子，這是我無法接受的，所以不得不走。」就這樣，他沒打完七就走了。

顯然地，這位老居士不曾讀過《圓覺經》，即使讀過，也沒有讀懂。經文裡處處都說到佛、菩薩和淨土，也說到神、修行方法和許多其他的事，但是到了禪那的層次，就什麼都沒有了！《圓覺經》裡的禪那，講的是頓悟法門，修習頓悟法門要能成功，就不能有執著；要開悟，就必須放下一切，包括自我，只有放下了自我，才會見到自己的佛

性──空性。

經文中說到佛、菩薩和淨土,這是因為修行有很多層次,我們必須利用自己的身體、心識活動和外在環境來修行,去證得不同層次的三昧。然而,如果要證得無上的悟境,就必須放下一切。從漸修的觀點來看,我們可以把身、心和外境看成幫助我們修行的因緣,但是,從頓悟的觀點來看,身、心和外境都是障礙我們修行,障礙證得禪那的幻相。

其實並沒有所謂的「心」這個東西,心是外境與身體互動所生的,而身體和外境都是虛幻的,因此兩者的互動──心識活動──也必定是虛幻的。心識的活動讓我們有善或惡的行為,而「禪」卻是無法藉由知識、學習、佛的智慧,或者個人的經驗及智慧來獲得的。如果你認為佛能把你送入禪門,那麼你是在依賴外在的條件;如果你認為智慧及知識能把你送入禪門,你則是在依賴內在的條件,但是,要能進得了禪門,必須把所有的依賴都拋下。

> 善男子!此三法門皆是圓覺親近隨順,十方如來因此成佛。十方菩薩種種方便,一切同異,皆依如是三種事業,若得圓證,即成圓覺。善男子!假使有人修於聖道,教化成就百千萬億阿羅漢、辟支佛果,不如有人聞此圓覺

無礙法門,一剎那頃隨順修習。」爾時,世尊欲重宣此義,而說偈言:

威德汝當知　無上大覺心
本際無二相　隨順諸方便
其數即無量　如來總開示
便有三種類　寂靜奢摩他
如鏡照諸像　如幻三摩提
如苗漸增長　禪那唯寂滅
如彼器中鍠　三種妙法門
皆是覺隨順　十方諸如來
及諸大菩薩　因此得成道
三事圓證故　名究竟涅槃

在禪七中,有時候會有人請我為他們加持,這些人覺得靠自己沒辦法得力,認為我能給他們力量。如果來請求加持的是初學的人,我會說:「好,我會幫助你。」如果來的是較有經驗的人,我會說:「如果你餓了,你會請我幫你吃飯嗎?」這是告訴他們,要自己努力,不要依賴外界的幫助,這是修行的第二個階段。而第三個階段是修行已經有成果的人,這些人可能會驕傲或過度自信,認為自己可以做自己的老師了。對這些人,我會責

罵他們、批評他們，告訴他們說，這樣的行為近於魔鬼，不是人所應有的；我這麼做，是為了幫助他們袪除對美好禪修經驗的執著。

任何的執著，即使是對曾有的禪修經驗的執著，都是修行的障礙。雖然修行的進步來自禪修的體驗，但是當經驗一過，就必須放下它。有些人抓住這些記憶不放，對過去的成就感到滿足，這就是執著，這樣的話，如果這個人在禪修中又再次有所體驗，很可能是與上一次的體驗同類或在同一個層次。

如果修行人不執著於這樣的經驗，就不會認為這是進步的跡象，就能夠沒有負擔地繼續進步。放下所有的經驗，是無障礙的境界。不幸的是，有時候有些人在初嘗無障礙的經驗後，會對世間感到厭惡，因此變得冷漠起來，這也不是禪。

真正的禪不執著於心內或心外的任何事物，既不貪求也不憎厭，不覺得身、心和外界是對修行有用的東西，也不認為它們是修行的障礙，這才真的是禪的境界。

凡夫認為身、心是自己所有的，而處於禪那層次的修行人，對身、心不再有執著，如果眾生有需求，他們就會去幫忙。其實，他們的身、心是屬於眾生的，不再為自己所有，眾生會從他們的身、心

及言行舉止中獲得利益。在禪那層次的修行人，因應眾生的需要，仍會思考、說話及行動，但是他們的行為發自智慧，不由主觀的分別所生。這些人不會無所事事，也不會消極，他們的態度是積極的，行為是正面的。

經文用音樂來譬喻禪那的修習，雖然音樂是樂器所產生的，卻不被樂器所束縛。同樣地，修行人需要脫離身、心和外界，智慧才能顯現；同時，為了利益眾生，智慧亦顯現在身、心和外界中。

身、心和外界是虛幻的，而虛幻的東西就是煩惱。但是，修行得力的禪者，既不執著煩惱，也不厭惡煩惱，即使活在煩惱的世界裡，他們的心一直都是不動的、寂靜的。因此，對他們來說，煩惱即是菩提，輪迴即是涅槃。這是第三個層次，也就是禪那或禪。

第八章

淨諸業障菩薩 *

　　於是，淨諸業障菩薩在大眾中，即從座起，頂禮佛足，右繞三匝，長跪叉手而白佛言：「大悲世尊！為我等輩廣說如是不思議事，一切如來因地行相。令諸大眾得未曾有！覩見調御，歷恆沙劫勤苦境界，一切功用猶如一念。我等菩薩深自慶慰！世尊！若此覺心本性清淨，因何染污，使諸眾生迷悶不入？唯願如來廣為我等開悟法性，令此大眾及末世眾生，作將來眼。」作是語已，五體投地，如是三請，終而復始。爾時，世尊告淨諸業障菩薩言：「善哉！善哉！善男子！汝等乃能為諸大

---

* 編案：原經文中之〈辯音菩薩〉章，作者略而未述，原因詳見〈自序〉。

眾及末世眾生,諮問如來如是方便。汝今諦聽,當為汝說。」時淨諸業障菩薩奉教歡喜,及諸大眾默然而聽。「善男子!一切眾生從無始來,妄想執有我、人、眾生及與壽命,認四顛倒為實我體。由此便生憎、愛二境,於虛妄體重執虛妄。二妄相依,生妄業道。有妄業故,妄見流轉。厭流轉者,妄見涅槃。由此不能入清淨覺,非覺違拒諸能入者。有諸能入,非覺入故,是故動念及與息念,皆歸迷悶。何以故?由有無始本起無明為己主宰,一切眾生生無慧目,身心等性皆是無明,譬如有人不自斷命。是故當知,有愛我者,我與隨順;非隨順者,便生憎怨。為憎愛心養無明故,相續求道,皆不成就。

佛在這章經文中回答了一般修學佛法的人所常有的三個問題。第一個問題是,眾生從什麼時候開始變成不清淨和無明的?第二個問題是,這無明和不清淨,是因何產生的?第三個問題是,為什麼這無明和不清淨會無止盡地延續下去?

佛法中常說,眾生本來是佛,又說,在佛的眼中,自己與眾生等無差別。這些說法,可能會使一些初學佛法的人感到困惑,他們會問:「如果真的

如此，為什麼我們現在不是佛呢？我們以前曾經是佛嗎？如果我們曾經是佛，後來變成無明的眾生，那麼成佛看起來也並不可靠，成佛的眾生恐怕會再度掉入無明和不清淨的狀態中，如果真的這樣，我們又何必修行呢？」

　　首先，不能說眾生過去曾經是佛，確切的說法應該是：眾生的本性與佛的本性無異。無始以來，眾生的佛性與佛的佛性，從來就沒有什麼差別，沒有什麼間隔，是因為眾生無始以來的愚癡無明，使得他們無法認知、無法了解這個基本道理。因為我們沒有覺察到自身的佛性，所以自己雖然無明，卻又不知道自己的無明。

　　經文接著說，無始以來，佛性與無明，就是無二無別的。無明一直與我們同在，佛性也一樣。如果以冰和水來做比喻，可以想像在南北兩極的冰，從地球形成的時候開始，就一直是冰，雖然它一直是冰，它的本質和海裡流動的水無異；同樣地，眾生與佛有一樣的本性，而自己卻不知道。科學家預言，將來，兩極的冰可能會開始融化；同樣地，眾生也可以融化自己的無明而覺悟，在覺悟的那一刻，就會了知，無明的本性和智慧的本性，是無二無別的。

　　但是，這冰和水的比喻，會引發一個有趣的

問題：邏輯上來說，冰能變成水，那麼水也能變成冰，如果把這個邏輯直接用在佛性與無明的關係上，就會得到佛可能再起無明的結論。禪的說法是，涅槃和輪迴兩者都存在，也都不存在。從眾生的觀點看來，它們是存在的，因為眾生有我執，處處執取形相；但是，從佛的觀點看來，涅槃和輪迴兩者皆不存在，因為佛沒有我執，也超越了形相。然而，佛可以使用形相來利益眾生，也能依眾生的需要，使用輪迴法和涅槃法，所以，就像水能再變成冰，佛也能將自己再變成眾生的樣子。但是，我們與佛有個重大的差別，那就是：我們之所以成為眾生，是業力和染著的結果，自己別無選擇；佛示現成眾生，則是智慧的抉擇。

我們所說的不清淨或染著，源於對四相——我相、人相、眾生相（也包括無情的事物）和壽者相——的執著。我、人和眾生，是空間的相，壽者則是時間的現象，起於前三者的相互作用，對於這四種相，或特徵，在接下來的幾段經文中，會有詳細的解釋。佛以一般眾生及修行中的菩薩這兩種不同的立場，來解釋這四相，在這裡，我們先從一般眾生的立場來討論四相。

我們可以用一對年輕男女相遇而後相愛的過程為例子，來看這四相。如果這對戀人的感情，是相

互而真誠的,就不太可能今天愛,明天就不愛了。通常,戀愛中的人,總是希望能生生世世永遠相愛,他們不會在乎宗教對這種執著的負面看法,只想永浴愛河,只要愛能持久,任何事都願意忍受。這個例子裡有四相中的三種相:能愛的「我」、被愛的人和希望愛情能長久的欲望。如果這對戀人成家了,繼而衍生出一代又一代的家庭,眾生相的執著也凸顯了。

我曾經問過某人,是否想要出家?他說:「不是我不想出家,而是我的父親希望抱孫子。」所以,我建議他,先去生一些小孩後才來出家,他同意我的建議,但是我向他保證,有了小孩以後,就不會再想要出家了,因為他也會想看著小孩長大成家,讓自己也能含飴弄孫。眾生的生活就是如此,樂此不疲,但卻茫無盡期。

我、人、眾生、壽者這四相,都是幻相,依因緣而生滅。人們把諸相當成真的,緊抓著不放,這是因為有自我的執著。其實,不可能有單獨存在的自我,自我必須透過與其他生命或形體的互動才能顯現。

執著有兩種,一種是對於外在的東西、情感的對象或者任何事件的執著,另一種是以自我為中心的執著。我認識一位市長,他已經五十多歲了,還

沒有結婚，但是他的執著，不比已婚者輕，他所愛的是他的城市，把它當做自己的小孩，這是第一種執著，一種有意義的執著。有第二種執著的人，不會關心他人，他們被自己牢牢地束縛著，這些人沒有責任感，不會為他人付出，生活也沒有方向。相對來說，第一種執著還比較好。

不清淨和妄惑，皆起自於對四相的執著，是什麼讓不清淨和妄惑無限地延續下去呢？有兩種相關的解釋。第一種解釋：當自我被誤以為是永恆的時候，眾生不僅對現在的自我有執著，對未來的自我也產生了執著。當人們計畫準備著未來的同時，也造了許多業，生命結束時，所積累的業，會引領他們投生，接受這些業的果報，這樣的過程持續不斷，沒有止盡。因為人們總是執著於有個未來的我，也就因此不斷地造業，不斷地受報。

第二種解釋，針對的是追求成佛、涅槃，或在任何天界受生的內、外道修行人。這些人對世界感到厭惡，渴望脫離痛苦。想生天的外道，可以修福來達到目的，但是，天界的生命，終究是有限的，當前世所累積的福報消耗殆盡時，仍不得不離開天界。同樣地，為了逃離這世界而追求佛道的人，或許能進入方便、暫時的淨土中，他們可能會覺得自己已經證得涅槃了，事實是，當修行的力量消退

後，他們一樣得離開天界。當這些人再度於凡間受生時，會馬上想要回到天界去，因此就在地球上一生又一生，孜孜不倦地累積福報，以求得能夠再到天界去歇息，就這樣，他們無法超越執著，也就無止盡地處於不清淨的狀態中。

所以，是執著產生了不清淨和妄惑，並使之持續不斷，如果眾生要成佛，就不能有執著、不能有追求、不能有目的。

善男子！云何我相？謂諸眾生心所證者。善男子！譬如有人百骸調適，忽忘我身，四肢絃緩，攝養乖方，微加鍼艾，則知有我。是故證取，方現我體。善男子！其心乃至證於如來，畢竟了知清淨涅槃，皆是我相。善男子！云何人相？謂諸眾生心悟證者。善男子！悟有我者，不復認我，所悟非我，悟亦如是。悟已超過一切證者，悉為人相。善男子！其心乃至圓悟涅槃，俱是我者。心存少悟，備殫證理，皆名人相。善男子！云何眾生相？謂諸眾生，心自證悟所不及者。善男子！譬如有人作如是言：『我是眾生。』則知彼人說眾生者，非我、非彼。云何非我？我是眾生，則非是我。云何非彼？我是眾生，非彼我故。善男子！但

諸眾生了證了悟，皆為我、人。而我、人相所不及者，存有所了，名眾生相。善男子！云何壽命相？謂諸眾生心照清淨，覺所了者，一切業智所不自見，猶如命根。善男子！若心照見一切覺者，皆為塵垢，覺、所覺者，不離塵故。如湯銷冰，無別有冰，知冰銷者？存我、覺我亦復如是！

接下來的幾段，描述那些修行已有進步，但是仍執著於我、人、眾生、壽者諸幻相的修行人。缺乏正確指導的修行人，會面臨這樣的問題，對自己的體驗產生錯誤的看法及態度，他們可能會相信自己已經開悟或是證得涅槃了。

經文所描述的四相，事實上指的只有一個東西──自我。四相即是以四種觀點來描述自我，這四相產生了自我堅固、實存的印象。實際上，自我只存在於與其他眾生、物體和事件的持續互動中。四相中的我相，指的是心的任何體驗，它構成心識的經驗，也由心識的經驗所構成。我相不僅包括對身體的單純覺知，也包括對佛性的體驗。第二相──人相，是自我經驗的根源，更確切地說，它是智慧的基礎，因為，佛性必須藉由智慧來體驗。眾生的心所體驗的是我相，而這體驗則因人相

而有,所以,我們可以把這二相分別視為佛性和智慧。

第三相——眾生相,既非佛性也不是智慧,這怎麼說呢?修行到某種層次時,有人可能體驗了佛性,覺得一切眾生與佛無異,但是仍然覺得眾生需要被救度。《六祖壇經》說:「自性眾生誓願度。」但佛性是沒有自與他的分別的。第三相不是智慧,因為,真正有大證悟的人,看一切眾生皆是佛,不需要被度。因此,眾生相是在對自我和需被救度的眾生仍有分別的修行層次時才有的。

這前三相都以自我為基礎,而且每一相都從不同的角度來認定自我:我相認定佛性為自我,人相認定智慧為自我,眾生相則在等待救度的眾生中,認定一個眾生為自我。在第三相的階段,雖然已經覺知眾生在自性之中,但眾生與自我仍然有分別。

第四相——壽者相,指的是智慧在時間中的持續運作。若以經文中的比喻來形容,智慧就像沸騰的水,需要時間去融化痛苦的冰塊。在修行的過程中,智慧需要時間來消融自性中的煩惱。這裡所說的自性煩惱,有特別的意義,指的不是我們自己的煩惱,而是我們所感知存在於佛性中的眾生的煩惱。一旦成佛以後,就不再有眾生存在的感知了,不過,在成佛之前,眾生被感知為自性中的煩惱,

而智慧之光，則能消融這些煩惱。

　　修行人有了一定程度的證悟，會很容易地相信，自己的證悟是高深而圓滿的，這樣的信念，使得他們自以為與其他眾生不同，但是，這恰恰顯示出他們仍執著於幻相，四相仍舊存在，所以，自我仍然堅固。因此，禪宗說，那些相信自己已經開悟的人，並沒有真正的開悟。

　　在修行中，你的心可能會變得面面都平靜與明朗，你也可能覺得，自己已經有了大智慧，能在一切情況下，做出正確的行動。在一次禪七中，有一位學生告訴我，她不想繼續打坐了，她只想講話。我請她到小參室，她說：「我很快樂！就好像這世界在一瞬間明亮了起來，我從窗外看出去，一切都如此美麗。鳥兒、花和其他萬物，都是我自身的一部分，我感覺很美，我相信自己真的進入它了！」我問她「進入」了什麼，她說：「這難道不是您所說的開悟嗎？」我說，那是幻覺！她聽了很不高興地說：「我有了這麼大的進步，您現在卻告訴我那是幻覺！」我告訴她，正是想開悟的這個欲望，使她產生這樣的幻覺。

　　在另一次禪七中，有位學員忽然不來禪堂，我請兩個人去找，結果在樹林裡找到他。他處於極其快樂的狀態，並且帶回一小段枯樹枝，很恭敬地

把它獻給我，向我宣說：「我明白了！」我拿起樹枝，往窗外一丟，他很生氣地抱怨說，他的覺悟非常可貴，是他辛苦努力得來的！

在這兩個事件中，兩位學員在一段時日的精進修行後，都有了很好的經驗。但是，開悟並不像珠寶一樣，可以被擁有，心所體驗到的，那個被以為是開悟的東西，只是處於樂境中的自我，雖然那並不一定是狹隘、自私的我，甚至可能是統一的我，但那不是佛性。佛性沒有任何特徵。這兩人的感覺，都是在努力修行後，擴大的自我意識的虛幻體現。覺得宇宙的所有事物，都是自身的一部分，這是很崇高的心境，但不是開悟。

幾年前，當我在臺灣時，有一位法師聽說我在美國教禪，特地跑來找我。他告訴我：「既然你已經開悟了，我想要告訴你一件事！」我告訴他：「我沒有開悟。」他說：「請不要謙虛，我們可以直話直說。你知道我是誰嗎？」我說：「不知道。」他說：「嗯！我是文殊菩薩！」我說：「真的嗎？你怎麼知道的呢？」他回答：「剛開始時，我也不知道！我在山上的茅篷修行了四年，一直沒有什麼進展。但是，六個月以前，我開始動筆，而且寫得很快，一個晚上，就能寫一本書。如果我不是文殊菩薩，怎麼能寫出這樣的文章。」他把手稿

給我看，他寫的東西並非完全沒有意義，有些部分還有一些道理，但是前後並不連貫。我告訴他：「我想，你是被鬼附身了！」他立刻拿著他的書，忿然離去了。

這位出家人，不僅將自己的經驗當成是開悟的現象，還把它當做自己是大菩薩示現的證明。他因為沒有正確的修行指導，所以得了禪病，如果他曾經讀過《圓覺經》的話，那他顯然沒有讀懂。

在修行當中，如果你覺得智慧生起和示現了，應該把它當成修行的自然現象。當真正的智慧生起時，會悄悄地來，沒有什麼特別的跡象可以覺察，就像冰在熱水裡，不知不覺地溶化。有智慧的人，不會有特別的感覺，認為自己有智慧。

那些對於幫助他人有著崇高偉大的使命和責任感的人，有第三相——眾生相。這可以是正面的，但是，問題在於，他們將自己與需要被幫助的人分開。「我必須出去救度眾生」的念頭，是一種執著。開悟的人，不會覺得眾生與自己分離，但是，如果認為沒有任何眾生需要被救度，那也是錯誤的見解。

《華嚴經》說，救度眾生有如漁夫撒網捕魚，大的魚被抓住，小一點的魚，則漏網而出。也就是說，修行有一定程度的眾生，才能被救起，其他

的，則成漏網之魚；也有一些很強健的人，不需要菩薩拖著走，自己就能游到彼岸。就如同漁夫撒網捕魚為業，菩薩也有自己的修行，在這過程當中，可能有眾生得救，但那是修行的自然結果。

第四相是壽者相。當我們談到壽命時，通常指的是身體的現象，這裡所指的，則是已經修行開悟的人的生命，這種生命，具有歷史的延續性，因為，他們的作為，在時間的長河中延續著。當開悟的人幫助眾生時，我們看到的是他們的智慧；但在沒有事件發生，不需要他們的智慧的時候，智慧就不示現。這樣的人，不會執著物質的東西，包括他們的身體。只是不斷長養自己的智慧，但是，因為他們仍有利他的執著，這些菩薩尚未證得最高的悟境。可以說，冰還沒有完全溶化，還有一點殘留的自我，但這已不是一般凡夫的自我，而是仍住於相對性的法我。到了究竟的證悟，智慧不見了，而需要救度眾生的想法也消失了，這是佛道的絕對境界。

> 善男子！末世眾生不了四相，雖經多劫勤苦修道，但名有為，終不能成一切聖果，是故名為正法末世。何以故？認一切我為涅槃故，有證、有悟名成就故。譬如有人，認賊為子，

其家財寶終不成就。何以故？有我愛者，亦愛涅槃，伏我愛根為涅槃相。有憎我者，亦憎生死，不知愛者真生死故，別憎生死，名不解脫。云何當知法不解脫？善男子！彼末世眾生習菩提者，以己微證為自清淨，猶未能盡我相根本。若復有人讚歎彼法，即生歡喜，便欲濟度；若復誹謗彼所得者，便生瞋恨。則知我相堅固執持，潛伏藏識，遊戲諸根，曾不間斷。善男子！彼修道者不除我相，是故不能入清淨覺。善男子！若知我空，無毀我者。有我說法，我未斷故，眾生、壽命亦復如是！善男子！末世眾生說病為法，是故名為可憐愍者。雖勤精進，增益諸病，是故不能入清淨覺。善男子！末世眾生不了四相，以如來解及所行處為自修行，終不成就。或有眾生未得謂得，未證謂證，見勝進者心生嫉妒。由彼眾生未斷我愛，是故不能入清淨覺。善男子！末世眾生希望成道，無令求悟，唯益多聞，增長我見。但當精勤降伏煩惱，起大勇猛，未得令得，未斷令斷，貪、瞋、愛、慢、諂曲、嫉妒，對境不生，彼我恩愛，一切寂滅。佛說是人漸次成就，求善知識不墮邪見。若於所求，別生憎愛，則不能入清淨覺海。」爾時，世尊欲重宣

此義,而說偈言:

淨業汝當知　一切諸眾生
皆由執我愛　無始妄流轉
未除四種相　不得成菩提
愛憎生於心　諂曲存諸念
是故多迷悶　不能入覺城
若能歸悟剎　先去貪瞋癡
法愛不存心　漸次可成就
我身本不有　憎愛何由生
此人求善友　終不墮邪見
所求別生心　究竟非成就

佛在前述的經文中講到對我相、人相、眾生相、壽者相的執著,也解釋了修行人在不同的修習階段當中,如何對四相產生執著,以及執著於四相所會遇到的問題,並且針對這些問題,給予解決的方法。

我將這些課題分成三部分來探討:第一部分,我執如何在修行人的行為中顯現?第二部分,有經驗的修行人,應該有什麼樣的行持,才能有進步?第三部分,在修行中,應培養什麼樣的態度?

在修行中有很好的體驗,或是修行多年的人,

可能會覺得自己已經達到清淨智慧的階段，亦即斷除我執，證入涅槃的階段。事實上，自以為開悟的人，並沒有開悟，因為他們仍存有需要開悟，或是已經開悟的自我意識。

開悟並不是一個東西、一種感覺或是一個地方，否則，它就是有限的，因此也是虛幻的。只要是把開悟看成是一個目標，只要仍覺得有一個自我可以從開悟中得到利益，這就不會是智慧。

你可能會認為自己已經了解了我所說的內容，也自信地認為自己不會被「假的」開悟所誤導，但是，這些經驗所帶來的喜悅，是初學者所難以想像的。假設在精進修行以後，你感覺到自我消失，證得涅槃了，也感受到超凡的喜樂，你真的進入涅槃了嗎？因為你仍有自我進入涅槃的意識，所以這不是真正的成就。但是，這種經驗的力量是如此之大，以致於除了最有經驗的修行人之外，幾乎所有的人都會被誤導。這是因為我執而產生錯誤觀念的第一個例子。

第二個例子：假如藉由修行，你達到自我中心似乎已經消失，而所用的方法也消融了的階段，覺得很放鬆、很自在，已經與宇宙合而為一，卻不在乎宇宙和你有什麼關係，你看起來也非常平靜，事實上，在這個境界裡，自我仍然存在，不管你感覺

如何。

在這個情況下，你也許會堅持自己已經了解什麼是涅槃，已經見到佛的法身，也證得究竟的智慧。如果我否認你的想法，你會試著用各種理由來說服我。你對自己的成就有那麼強烈的執著，以致於我的質疑，會讓你感到沮喪，你會聲稱我沒有資格判斷你的覺悟。更糟糕的是，會有其他的人來給你印證，這可能因為他覺得你對涅槃的描述，和經文中所說的完全一樣，他還可能說，自己有過相同的悟境，因此有資格來為你印證，這一切會使你高興，使你接受這個人，視他為真正的同參道友。

當修行人仍對讚美感到歡喜，對羞辱感到沮喪時，他們所證的到底是哪門子的解脫呢？這樣的情況顯示，他們的涅槃似乎是假的，但是，就算有人指出了這點，他們會說：「雖然我對讚美和批評有不同的反應，但這不是為我自己，我已經沒有自我了，我自己並不介意別人的讚美或批評，但是，為了維護佛法的尊嚴，我會喝斥那些牴觸佛法的人，讚美那些遵循佛法的人。」對永遠都備有答案的人，我們很難與之爭辯，但是，要確認他們的體驗是否如法，卻不困難：如果他們自稱已經進入涅槃，並宣說自己的智慧，那麼他們其實還沒有證入涅槃。只有在輪迴和涅槃都已消失，被視為夢境

時,當不再有快樂和悲傷的感受時,當心已經穩定和平靜時,才是涅槃的境界。

要接受輪迴是一場夢,這比較容易,但經文卻說,開悟也是一場夢。如果涅槃和輪迴同樣是虛幻的,那麼,我們似乎在掙扎著離開一個夢境,卻只是為了進入另一個夢境。其實,覺悟本身並不是夢,但是覺悟的觀念,以及覺悟的證取,卻是個夢。所以,修行人抱著充其量只是一種欲望的開悟觀念,活在輪迴的夢中。但是,一旦悟了,覺悟就不再是個夢,實際上,開悟後,覺悟就已不復存在了,真正證得覺悟時,不能說有覺悟存在。

修行人就有如嘗試攀登一座玻璃山的登山者,這座山不僅陡峭而且很滑,登山的人也沒穿鞋,更有甚者,山上還塗滿了油。登山者努力地爬,卻總是滑回原處,即使堅持努力再努力,還是沒用。最後,終於精疲力竭,在完全崩潰以後,放下一切攀緣,那時,他們馬上發現到,山不見了,也了悟到,所有的努力,都是一場夢,根本就不需要爬山,也沒有前進可言。然而,在夢裡,山是存在的,而且如果登山者不去追求那不可能的事,就不會開悟。所以,即使輪迴與涅槃都是虛幻的,眾生還是必須試著脫離輪迴,成就涅槃。但是,如果你在修行時,經歷了我剛才所描述的假覺悟的境界,

那就表示你還在夢中。

　　前面的例子，從「有我」的角度來討論自以為開悟的修行人。現在我舉第三個例子，來討論同樣是錯誤的相反觀點。處於這種狀況的修行人堅稱自己對於毀譽、對於世間的事物，甚至對於自己的修行都不會動心，他們覺得沒有涅槃可入，也沒有一個可以入涅槃的自我，而所有的事物都是無意義的幻相。這樣的態度可能是危險的，前兩個例子裡的修行人，死後還可能生到禪天，至少這些人會為了維持他們的體驗而繼續修行；但是，第三個例子中的修行人，會想要停止修行。如果他們繼續修行，可能會進入無色界天，但是，如果是因為不在乎任何事物，而停止了修行，卻可能會自殺或是做壞事，在死後墮入下三道。

　　修行人必須把握兩個原則，以保持正確的修行態度。第一，不要宣稱自己以經開悟了；第二，應該把開悟和涅槃當成修行的目標。不宣稱自己已經開悟是很重要的，如果有人詢問，開悟的人或許可以證實自己的體驗，但絕不能自吹自擂。要判定自己是否真正開悟了，有兩個方法：一是請教修行層次比你高的人，另一個方法則是根據佛經來分辨自己的體驗。第二個方法應該在無法做到第一個方法的時候才使用，原因是我們很容易對佛經做出錯誤

的闡釋。正確的作法，是用經論的傳統解釋來評估自己的體驗，如果用自己的體驗來解釋佛經，那是錯誤的。

認真的修行人，常常會把自己的體驗誤以為是開悟，這個情況顯示，他們不但沒有開悟，反而是被一種我慢心所影響。要避免對開悟的錯誤認知，認真的修行人必須對這樣的我慢心提高警覺，這個忠誥對真的以為自己已經證入涅槃的人很適用，畢竟他們都是認真的修行人；至於那些連假開悟的體驗都沒有，卻又號稱自己已經開悟的人，這麼做只揭露出自己沒有修行，他們算不上認真的修行人。

第二個原則：修行人應該把開悟和涅槃當成修行的目標，這能督促修行人盡量廣讀佛經和佛學著作，使自己了解目標的本質及朝向目標的道路。必須注意的是，不要被佛經的教義所束縛了，不然它們會變成修行的障礙；而且，研讀佛經不僅僅是為了吸收知識，以博得他人的賞識。

修行人有兩種極端的情況：一種是開悟的心太迫切，以致於在未開悟時就認為自己已經開悟了；另一種是太相信開悟不存在的說法，認為根本沒有開悟這回事，因為佛、佛經和自己的師父們都這麼說。有這種態度的人會說：「我一點都不在乎開不開悟，我只管繼續修行。」這種態度有缺陷，它會

使修行人變得懶散，無法提起足夠的能量或精進的精神來修行。

不論是修行佛法或進行任何活動，設定目標很重要。如果修行人不在乎未來的結果，就永遠不會有顯著的成就。我們必須相信，開悟是值得去努力的事，而我們現在仍被無明束縛在生死的輪迴中；相反地，我們也不應太過狂熱地想要完成開悟的目標，那會造成焦慮而抑制修行。

有一位祖師曾經說過，修行佛法應從圓滿的布施開始，也就是供養佛、法、僧三寶。當這位祖師把話說完後，聽眾裡的一位男士回應說：「三寶與我們的自性等同，同樣地，我所供養的一切都無異於我的自性，也就是說，我供養自性給自性。因此，我把整個心供養給您，所有您想要的東西，我就想著它們，然後把這些念頭供養給您！」

這位祖師說：「你要將心供養給我，很好！從現在開始，當你吃東西的時候，只吃心念裡的食物，喝只喝心念裡的水、走只走心念裡的路、說只說心念裡話、睡覺只要心念裡睡就可以了。如果你真能這麼做，才算是圓滿供養了我，做不到的話，你還是得像其他人一樣，以真的東西供養。」

問這個問題的人，仍然在虛妄心的境界裡，所以無法真的供養他的自性，仍然需要以真的東西

供養,同樣地,還沒有開悟的人,仍須努力求證涅槃。

接下來讓我解釋一些能用來克服修行障礙的方法。克服障礙有兩個原則:第一,必須努力;第二,必須向真正了解佛法的人學習。

煩惱的產生,依修行的力道而有不同,重點是在任何時候都能將煩惱平息:在沒有煩惱時,能夠持續修行,不去在意心裡所產生的念頭;而當煩惱出現時,必須立刻處理它。修行很得力的人,會在擾動快生起時有所覺察,因而阻止煩惱的現形;修行不得力的人,不僅不能預知煩惱的生起,在煩惱生起後也無法控制它;而修行程度一般的人,有時也能覺察到即將生起的煩惱,例如有些人能覺察到問題快要發生,心情即將變壞,他們會請朋友們讓自己獨處一下。

煩惱有許多種,有一些是由生理的問題所產生的,有一些則由心理的問題而來。如果你知道問題快要發生了,可以試著防止它,至少減低它的強度。如果問題不能解決,就要承受它,但是無法避免地,總會有人試著逃避自己的問題。

在還沒完全現形之前,最容易被認出的煩惱是瞋恨。曾經有一位出家人,生氣的時候總要搥打牆壁,有時,一直要搥到牆破了或是手受傷了,才肯

罷手，手的痛使他的心不再捉著煩惱不放。

　　降伏煩惱最好的方法，就是不要讓它發生，不要讓它愈演愈烈。當煩惱生起時，精進有力的修行最有效，最好的方法是拜佛，拜佛後，瞋恨、貪心和性欲會減輕，特別是拜到精疲力竭，效果更好。拜佛幾乎是適合所有人的修行方式。

　　最重要的是：精進地修學佛法，有好的老師指導更好，這是克服修行障礙最有效的方法。

第九章

普覺菩薩

於是，普覺菩薩在大眾中，即從座起，頂禮佛足，右繞三匝，長跪叉手而白佛言：「大悲世尊！快說禪病，令諸大眾得未曾有，心意蕩然，獲大安穩。世尊！末世眾生去佛漸遠，賢聖隱伏，邪法增熾。使諸眾生求何等人？依何等法？行何等行？除去何病？云何發心？令彼群盲不墮邪見。」作是語已，五體投地，如是三請，終而復始。爾時，世尊告普覺菩薩言：「善哉！善哉！善男子！汝等乃能諮問如來如是修行，能施末世一切眾生無畏道眼，令彼眾生得成聖道。汝今諦聽，當為汝說。」時普覺菩薩奉教歡喜，及諸大眾默然而聽。「善男子！末世眾生將發大心，求善知識欲修行者，當求一切正知見人，心不住相，不著聲

聞、緣覺境界；雖現塵勞，心恆清淨，示有諸過，讚歎梵行，不令眾生入不律儀。求如是人，即得成就阿耨多羅三藐三菩提。末世眾生見如是人，應當供養，不惜身命。彼善知識，四威儀中，常現清淨，乃至示現種種過患，心無憍慢，況復摶財、妻子、眷屬。若善男子於彼善友不起惡念，即能究竟成就正覺，心花發明，照十方剎。

釋迦牟尼佛說過，佛的甚深智慧和廣大功德，只有成佛的人才能確知，同樣地，大師的修行層次，只有大師級的人才能評估。因此，學生無法衡量大師的成就，學生最多只能努力學習佛法的正知見，來確認大師所教的，的確是正知見。

佛法的正知見，有三個基本法則：因緣法、因果法和中道。第一，根據佛法的解釋，所有的事物皆是虛幻而無自性的，完全依因緣而生，這是因緣法。第二，因與果在時間上環環相扣，以致於過去、現在及未來的一切造作，都無法與各自的因果分開，這是因果法。第三，所有的極端，例如執著有，或執著空，都是虛妄錯誤的，唯一的道路，只有離於一切執著的中道。

學生必須提防邪見。有人認為，有永恆存在的

法或現象，如一神論者堅信，有永恆不變的靈魂，服膺於全知的神。也有人相信，因和果從時間上來說是不相關的，事件的發生是隨機的。唯物論者只承認那些可以藉由實驗來證明的物質現象的因果，他們不認為有貫穿一切存在層面的因果業力法則。

任何以佛法的正知見教人的老師，即已具備了真正合格的老師的最低要求。因此，學生在選擇老師的時候，只需考慮他們是否有正知見，不應該對老師的品格與行為太過執著。

可是，老師的品格與行為，卻往往是學生最關切的事情。學生常常以老師言行不一的地方來做批判，因此衍生出許多問題。如果老師的行為和他所提倡的標準有矛盾，久而久之，學生會只看到老師的過失，到了最後，即使不因此放棄修行，也可能會離開老師。

老師總是學生批評的對象。其實，已開悟的老師，不一定要留在這個社會裡，他們這麼做，完全是為了幫助其他人出離惑妄。已開悟的老師仍然是人，仍有弱點。他們與其他人一樣，需要吃飯、小便、大便、穿衣和睡覺。有些人看過老師後會驚訝地說：「他們怎麼會是有實證的老師呢？我和他們根本就沒有差別！」正因為學生有這樣的反應，有些老師選擇隱藏自己的私生活，學生們很少看到他

們吃飯、睡覺、上廁所或其他私底下的舉止，大家只看見他們穿著莊嚴的僧袍，坐在法座上，清淨而嚴肅。

　　從表面上看，雖然老師也可能犯和學生一樣的過失，但我們必須記得，他們的心是清淨的，否則，他們對佛法的理解就會有不一致的地方。有些人認為我是一位大師，聽人家這麼說，我會馬上指出，我和他們一樣，只是一個普通人。有一次，在禪七中帶領大家做晚課的時候，我因為很累，反應很慢，不小心把手中的引磬掉到地上去了，我記得當時這麼想：老師年紀大了，就該退休了，身體已經不聽使喚了。

　　如果學生看到老師表面上的失誤，而去模仿他們，那就不對了。譬如，如果學生以我的動作來評價我，那是很愚蠢的，而如果在法會上模仿我的失誤，每次都故意掉落引磬的話，那就更加愚蠢了。即使老師說謊、偷竊或是喝酒，甚至於當著學生的面這麼做，學生仍須以老師所教的佛法來評估他們，老師的行為與學生沒有關係；但是，好的老師會喝止學生模仿自己的不良習慣，例如我就不會允許我的學生老是掉引磬。重點是依法不依人，這是佛所教導的四依法的第一項，其他三項是：依義不依語，依智不依識，依了義不依不了義。

大部分的學生不能了解這一點，所以麻煩就來了。那些對修行目的不清楚，只盲目跟著別人拜師的人，更是糟糕，他們不去注意教導的內容，反而只顧老師的行為，並加以模仿，以為這就是成功之道，這真是太愚蠢了。這麼做不僅要承受這些行為的果報，更會因為心不清淨，而承受更大的痛苦。老師罵人，他們也罵人，老師喝酒，他們也喝，盲目無知，不僅沒有建立正知見，業障也會愈來愈重。

　　在美國的佛教界裡，老師與學生之間的道德問題時有所聞，並不是今日的佛教才有的，這些問題在釋迦牟尼佛的時代就有了。正知見或持戒哪個比較重要的爭論，貫穿了整個佛教史。禪宗有句格言，認為修行人應重視正知見甚於戒律，但是，如果學生照著這句話做，他們可能會不斷地犯戒。這句格言不是給學生用的，而是提醒學生，應該如何看待老師；學生應該專注於老師的教導，將其融入自己的修行中，不要把目光放在老師的品格和行為上。

　　至於開悟的修行人，他們的行為舉止，應該與自己的修行體驗契合，因為，開悟不是一種從外所得的知識。開悟的體驗，從修行人的行為以及他們與外界的互動中顯現出來，如果在開悟後仍然犯

殺、盜、淫（在家人為邪淫）和飲酒等主要的戒律，那麼他們可能沒有真的開悟，不然就是悟境很淺薄。如果只是暫時放下執著，稍微見到了自性，那不算是真正的開悟；有這種經驗的人，最好能把它忘掉，不去執著它，在修行的路上繼續前進，這對自己和他人都會比較好。他們應該在老師的指導下，讓自己的悟境更深入、更完全。這不是說他們不能教導別人，其實，未開悟但是有正知見的人，能夠弘揚佛法，也應該弘揚佛法，如果每個人都等到開悟了，才出來教人，那麼佛法就會滅絕了。出來教學是應該的，但是一定要謙虛，並繼續努力修行。

老師的過失是他的缺點或身體疾病的症狀，如果學生也想得到相同的病，那就實在是太愚蠢了。學生應該把精力用來尋找教導正法的老師，找到老師後，應該把所學的，應用在自己的生活上，不要去管別人的生活如何，如果能做到這一點，就已經很難得了。

　　善男子！彼善知識所證妙法，應離四病。云何四病？一者作病。若復有人作如是言：『我於本心作種種行，欲求圓覺。』彼圓覺性非作得故，說名為病。二者任病。若復有人作

如是言：『我等今者不斷生死，不求涅槃。涅槃、生死無起滅念，任彼一切隨諸法性，欲求圓覺。』彼圓覺性非任有故，說名為病。三者止病。若復有人作如是言：『我今自心永息諸念，得一切性，寂然平等，欲求圓覺。』彼圓覺性非止、合故，說名為病。四者滅病。若復有人作如是言：『我今永斷一切煩惱，身心畢竟空無所有，何況根、塵虛妄境界？一切永寂，欲求圓覺。』彼圓覺性非寂相故，說名為病。離四病者，則知清淨。作是觀者，名為正觀；若他觀者，名為邪觀。

這裡說的是可能發生在佛法老師身上的四種「病」，或是四種不正見，這都是針對修行的態度而言的病。大部分的人可能認為經文中提到的作、任、止、滅象徵著很高的成就，或是高階的修行所須的先決條件。從禪的角度看來，有這些病的老師，修行成就都不高，也不是真正的佛法老師，他們所教的是錯誤的佛法，有識別能力的學生，應當避開這些老師。

第一種病──「作」，是將圓覺看成修行的結果的不正見，它意味著，覺悟本來不存在，只有藉由修行，才能使它存在。這些人可能相信，日常

生活中吃飯、走路、說話等活動,都是和圓覺分開的,因為這些活動通常都不被視為正式的修行方法。

修行的目的不在開悟和成佛,雖然這樣的目標能夠激勵修行人,但這不是真正的佛法,這是因為我們在本質上都是佛,否則,無論我們怎麼修行,都無法成佛。這就有如煉金,一定要從金礦著手,要是用煤礦,無論再怎麼煉,也煉不出金子。雖然我們在本質上都是佛,還是必須一再地千錘百鍊,才能讓我們的真實本性顯現。

在剛開始修行的階段,以成佛為修行的目標是正確的,因為,不努力修行就不能成佛道;但是,我們必須明瞭,修行不能創造佛,就像提煉金礦並不是在創造金子,修行只是讓我們的佛性得以顯現。

佛和眾生的觀點不同,眾生看其他人,包括佛在內,都是眾生,如果一尊佛從我們身邊走過,我們只會把他看成是一個普通人;而佛看每一個人都已經是佛,佛不會說:「只要你們這些眾生努力修行,有一天,你們也會像我一樣。」這正是《圓覺經》的觀點,它指出,一位熱切想成佛的老師,是有病的。

第二種病——「任」,就是讓事情隨意地自然

發展。有些老師會說,既然輪迴和涅槃都是一樣的,那就不需要修行了,而且每個人本來就是佛,努力想達到涅槃,反而多了一項執著,更何況,輪迴會自然而然地變成涅槃。有這種態度的人,會放棄修行,甚至放棄佛法,這是另一種不正見。覺悟與無明,的確不是分離的,但是,不藉由修行,我們不可能真正了悟這一點。

停滯在這種狀況的修行人,或是弘揚這種不正見的老師,都落入了空無的窠臼。他們或許仍會修行,但他們會說,自己是為了修行而修行,沒有一定的準則或方向,他們看起來勇猛精進的修行,其實只是漫無目的的遊蕩。這就好像一個船長,如果只是全心全意地應用當水手的技能,而不注意冰山的警訊,誰會對他有信心呢?

有一些老師的態度很冷靜,讓人以為他們已經開悟了。他們會說煩惱即菩提,菩提即煩惱,卻不明白這樣的智慧,只能從甚深的覺悟而來,沒有甚深的覺悟,這麼說充其量只是賣弄文字,裝模作樣而已。對凡夫來說,煩惱是煩惱,不是菩提,而涅槃和輪迴,也不一樣。認為根本沒有生死輪迴的人,就有如視冰山無睹的船長一樣,有這種態度的老師,會把學生帶入歧途。

第三種病是「止」,其特點是,看起來沒有煩

惱，心境完全不被干擾。這種情況，通常只會發生在高階的修行人身上，指的是智慧尚未顯現前的定境。

　　佛法說貪、瞋、癡三毒是一切煩惱的根本。貪通常戴著歡樂與享受等面具出現，這些感受一般不被視為煩惱；而愚癡所起的煩惱，也不容易察覺，因為心並沒有注意到這種煩惱的來源；只有生氣時，煩惱才容易被認出。其實，只要心在動或起了任何的反應，不管是快樂的或是不快樂的，都是煩惱。

　　修行人要做到心在任何情況下都不動的境界，是不容易的。第一，修行要認真；第二，不能離開方法；第三，必須入定。入定時心是不動的，如果修行人能達到心不動而平靜的狀態，卻說我得到了什麼，那就有問題了。

　　禪宗有一則公案，有一位老婆婆，三年來供養一位精進修行的禪僧，為他提供飲食和住宿。有一天，老婆婆要她的女兒在送飯給那位禪僧時，熱情地抱著他，隔天，這位老婆婆親自給他送飯，問他說：「你覺得我的女兒如何？」禪僧說：「像一棵枯木靠在冷冷的岩石上。」老婆婆一聽，拿起掃帚罵道：「我花了這麼多時間，供養的不是禪師，而是一具死屍！」她把禪僧趕了出去，並把茅屋給

燒了。

　　這位禪僧得了止心的病，他修行到心已經止住不動的狀態，卻錯以為這就是開悟。在這種狀態中的修行人，心不會動，也不會被干擾，而老師卻能夠判別，這止住的心，其實只是修行走入了死胡同。

　　想要證得真正的覺悟，而真正的活著，必須先經過心不動的大死階段，止心的病就是停留在這個死寂的狀態中。有些還沒超越這個階段的修行人，就自稱為大師或者導師，這是有問題的，他們其實還不能成為真正的佛法老師。

　　圓覺不是完全的動，也不是完全的不動，動與不動中都有覺悟。如果說覺悟只能在止心的狀態下顯現，那是錯誤的；在覺悟的境界中，沒有任何活動是由自我意識所驅使的，但是心卻仍在觀照，仍在運作，如果沒有觀照，止住的心是困在死胡同裡的心，也就是所謂「冷水泡石頭」的狀態。

　　第四種病是「滅」，它和止病不同，止表示心不動，諸識不起，但是，當心又動起來時，六根即又開始運作，而「滅」則是停止了存在。這種病發生在比「止」更高的階段。我有時把修行描述成從散心，統一心，到無心的過程。統一心指的是沒有差異、沒有分別，心不動的禪定；而在「滅」的狀

態下，心不存在了，六根不再運作，煩惱和智慧也不復存在，總之，無一物存在。有人會說，處於這種狀態的修行人已經證入涅槃，也有人會說，他已經不復存在了。

其實，不一定要真的有過「滅」的經驗，才會有這種病，如果錯誤地認為「滅」是真正的佛法，是修行的目的，這也是個病。禪定有三界：欲界、色界及無色界，體驗到無色界的修行人，已經感覺不到身、心和現象世界的存在了，然而，執著於這個從現象中解脫的感覺，是個很大的障礙。

學生如何去分辨老師是否有這四種病呢？其實，學生通常沒有足夠的修行程度來判斷老師，老師必須自我反省，看看自己是否犯了任何一病。問題是，老師可能知道修行人會犯這四種病，也會以此教導學生、警告學生，卻無法發現自己有這些病。碰到這樣的情況，學生唯有依著我先前所說的話來做。我前面註解的這段經文，是講給老師聽的，不是給學生的。

善男子！末世眾生欲修行者，應當盡命供養善友，事善知識。彼善知識欲來親近，應斷憍慢；若復遠離，應斷瞋恨。現逆、順境，猶如虛空，了知身心畢竟平等，與諸眾生同體無

異。如是修行,方入圓覺。善男子!末世眾生不得成道,由有無始自他、憎愛一切種子,故未解脫。若復有人,觀彼怨家如己父母,心無有二,即除諸病。於諸法中自他、憎愛亦復如是。善男子!末世眾生欲求圓覺,應當發心作如是言:『盡於虛空一切眾生,我皆令入究竟圓覺。』於圓覺中無取覺者,除彼我、人一切諸相。如是發心,不墮邪見。」爾時,世尊欲重宣此義,而說偈言:

普覺汝當知　末世諸眾生
欲求善知識　應當求正見
心遠二乘者　法中除四病
謂作止任滅　親近無憍慢
遠離無瞋恨　見種種境界
心當生希有　還如佛出世
不犯非律儀　戒根永清淨
度一切眾生　究竟入圓覺
無彼我人相　當依正智慧
便得超邪見　證覺般涅槃

最後一段結語,講的是修行人的正確態度和先決條件,特別是針對老師與學生的關係。

學生必須無條件地尊敬和供養他們的老師。學生應有的正確態度是：如果有老師收你為學生，不應該把它當成榮譽來執著；如果老師拒絕收你為徒，也不應覺得被羞辱，不應怨恨。而老師的正確態度是：如果有學生來請求指導，不要因此而喜悅或高傲；如果學生離開他到別處學習，也不要因此而不悅。

　　保持這種平靜的態度是不容易的，一般人很難不去偏重自己的長處。許多人不願正視自己的缺點，或者老是看輕自己真正的優點；這兩種態度看起來不一樣，但是，驕傲和自卑，其實是同一回事。自卑通常來自不安全感或無價值感，而不安全感可以是消極的或積極的，如果它使人認為自己什麼事都做不成，那就是消極的；如果它使人努力地去達成目標，得到財富、名聲或自尊，那就是積極的。

　　如果我們達成目標時，覺得自己很特別、比別人優越，那就是高傲。例如，公司的老闆教訓員工說：「你要加薪？想想看，如果不是我，你不可能在這裡上班，是我的聰明和努力，使得你有工作做，等你到了我的層次，再來找我加薪。」這是一位高傲的老闆。

　　靈修老師也可能會高傲，如果他們對學生說：

「我已經修行了很多年,也跟隨過很多大師修行,現在我已經得到了最高的成就,你們這些學生還差得遠,要達到我的層次,還有一段很長的路要走。」那不是一位真正的老師應有的態度。

有些禪師看起來很獨裁,但是那不能證明他們很高傲,重要的是他們的內心是否傲慢。有一次,我和一對夫婦一起坐車,他們都是我的弟子,這對夫婦問我:「您最近有沒有碰到什麼問題呢?」我說:「對我來說,沒有問題。」那位女士說:「我就知道您是個很高傲的人,大家都有問題,俗話說:『事非經過不知難。』您怎麼可能一點問題都沒有呢?」

這位弟子認為我高傲,而我的解釋是,當我去做一件事時,我所遇到的障礙,並不是問題,而是過程的一部分;如果是我做不到的事,我不會浪費時間去試它。所以對我來說,任何事都不是問題。這是不是高傲,要看你的角度而定。要真的知道一個人是否高傲還是缺乏安全感,我們必須看他的動機,不只是行為。

如果東初禪寺的信眾,人數和其他知名的道場一樣多,而我因此說:「以前我無法和他們相比,但現在我追上他們了。」這就是高傲,因為我在和人競爭、與人比較。我們不應該也不需要和別人

比較，一比較起來，自己不是感到優越就是感到卑劣。

西施是中國古代的絕世美女，她受過長期的訓練，走路、講話、化妝、唱歌和彈奏樂器都訓練有素。在城的另一邊，有位名叫東施的女子，她嫉妒西施，並模仿西施的一舉一動、外貌和儀態，但是沒有用，她愈模仿西施走路的姿態，就愈顯得笨拙，上愈多妝，就顯得愈難看。

我們必須學著不去和別人比較。幾乎每個人都曾經向別人說過自己不好，其實內心是希望別人能讚美自己，說自己的好處，使自己舒服一些。一般人都會高傲及有不安全感，但只有極端的情況，才會有危險。如果你覺得自己一點用都沒有，那麼，缺乏安全感就成了主要的問題，它甚至會驅使你去傷害自己；而如果你傲慢到覺得自己像上帝一樣，那麼你可能會成為另一個希特勒或史達林。

禪師則比較容易讓人覺得高傲，不會缺乏安全感，因為，缺乏安全感的人，是無法成為一位大師的，他們的心態是：「我還不夠好，怎麼可能成為大師，去教別人呢？」這種人沒有自信心。

自尊心是修行中所應培養的一種正常、健康的感覺，我們都應該體驗它。自尊，是對自己的信心增強的跡象。修行讓你逐漸看到別人所忽略的東

西，這樣的認知會衍生出慈悲心，你會更能包容他人的短處，因為，你看到自己也有同樣的毛病。

無論是學生或老師，最重要的是努力修行，放下對自我、他人和外境的執著。修學佛法時，放下執著是自利利他的基礎，執著必定會導致不正見。

經文提到兩種有學識的老師，一種是有德行的人，另一種人，雖然學識淵博，卻對學生有不良的影響。我在前面說過，修行的正知見，有三個主要的原則，老師必須遵循這些原則。不好的老師會說，世間的現象都是永恆的、獨存的，並否定因緣的空性，他們也可能會錯誤地詮釋業和因果的法則，或者在知見上和教學上走極端，不能保持中道。很多人無法判定一位老師是否有德行，也不知道哪條路才是對的。其實，無論在東方或西方，判定一位老師是否有德行都是不容易的事。許多修行人不斷換老師，他們好像佛教界裡的觀光客，對自己的老師沒有信心，在跟著一位老師學習一段時間後，聽到別人說另一位老師很好，就馬上又換老師了。

有一次，一位居士問一位法師：「您有幾位老師？」當這位居士發現，這位法師只有一位老師時，很驚訝地說：「只有一位？您如何只從一位老師身上學到佛法？您跟著那位老師學了多久？」這

位法師說學了三十年。聽他這麼說，這位居士對他花了那麼久的時間跟隨一位老師而深表同情；但是這位法師說：「我跟著一位老師學習三十年，這是微不足道的成就，但是，如果我在三十年裡，每年換一位老師的話，我就不像個修行人！」

許多人到處拜師，像是蒐集紀念品似的，我在美國和臺灣，都遇到很多這種跑道場的人。有一次，我問一位學生：「你和幾位老師學習過？」他回答說：「只要您能講出名字來的，我大概都跟過。」然後，他隨口說了好多不同宗派的老師，有的還活著，有的已經去世了。我問他：「你這樣經常換老師，能學到什麼東西嗎？」他說：「您觀察過蜜蜂嗎？它們飛到一朵又一朵花上去採蜜，同樣地，我到一位又一位老師那裡去萃取他們教學的精華，融合到我自己生命中去。」我說：「很好！你去蕪存菁，現在的你應該比任何一位老師都要優秀了。」他說：「那正是我想達到的目標，但現在我不能說自己已經達到目標了。」

我又問：「你和那麼多宗派的老師學習，如果你現在死了，會到哪裡去呢？」他回答說：「您怎麼會問這個問題？您難道不知道萬法歸一嗎？如果我現在死了，淨土宗的老師會為我念佛，禪宗老師會給我一個公案，金剛上師會為我加持等，我只需

從每位老師身上得到一點幫助就可以了，萬法歸一，會有什麼問題呢？」

「說得好！」我說：「但是，如果有四條船要開往四個不同的方向，而你的雙腳各踩在一條船上，雙手抓住另外兩條船，當這些船起航，各走不同的航線時，你要怎麼辦呢？」

「那我就麻煩了！」他回答：「但是，我不喜歡您的比喻，《華嚴經》裡，文殊師利菩薩不是告訴善財童子，去和其他老師學習嗎？他最後跟了五十三位老師呢！」

「那沒錯，但是他很幸運，第一次就遇到了好老師，而且，是文殊師利菩薩把善財童子送到另一位老師那裡去，不是善財童子自己要離開的。每一次都是老師建議善財童子，到另一位老師那裡學習，你是這樣的嗎？」他說：「不是。如果我留在一位老師那裡太久，他應該不會讓我離開，所以我自己先走了。」我說：「有這樣的態度，不是一位有德行的老師。」他說：「那麼，這世界上，有德行的老師一個都找不到了！」我回答：「你愈說愈離譜了！我認得你提及的好幾位老師，他們都是有德行、有學識的人，收你做學生，表示他們認為你值得教，你應該感恩才對！」

他說：「您顯然不知道他們的為人，他們不會

教你所有的東西，而總是把最殊勝的佛法，保留給自己。」我告訴他：「如果真是這樣，你剛才說蒐集了他們的精華，就不對了，你根本就不是一隻蜜蜂，而是蒐集垃圾的蒼蠅！」

自古以來，學佛有成就的人，都曾跟著一位老師修學了很長的時間，如果你遇到一位好老師，就應該跟著他學習，也許有那麼一天，他會送你到另一位老師那裡去，可能是為了學習特別的法門，那沒有問題，送出去的學生，通常都會回到原來的老師身邊。

有些人跟過很多宗派的老師，卻找不到一位真正能依止的師父。我在日本時，遇到一位一直想出家，卻又無法找到能依止的師父的人，因為，他總是看到老師的缺點，也特別反對日本傳統中僧侶結婚的現象。我建議他去和某位單身的真言宗老師修行，他卻說：「雖然他現在單身，但不久後，可能就結婚去了！」我說：「如果你有這樣的態度，就只有等到老師死了以後，才能知道他夠不夠好。學生不應該用自己的標準來衡量老師，修行人應該注意老師的德行、學習老師的德行，而不是他們的弱點。我們應該用佛法中的正知見，以及戒、定、慧三學的原則，去找一位有德行的老師，找到後，應該尊敬他們、供養他們。」

蜜蜂所看到的是片段而非連續的影像，它們的視覺結構和我們不同；同樣地，學生的眼光是混淆不清及扭曲的，所以，當我們在評估老師的德行及缺失時，不應該依賴自己的觀點。如果在事情還沒有發生以前，就去預期老師的過錯，那就更糟糕了。

臺灣有一位出家人，他有四位忠誠的在家弟子，十年後，他還俗結婚了，但是他的弟子仍將他當成自己的師父。有人說，供養在家人是不對的，但是他們不在乎，因為師父結婚與否與他們無關，他們只是感恩師父將佛法介紹給他們，這樣的態度是正確的。

說到供養老師，我們必須牢記，我們所接受的教導，是不能用物質來衡量的。有德行的老師，所需要的東西不多，但是，感恩是修行的要素，而表達的方式，通常是物質的供養。佛經裡就常常提到供養的重要。

供養老師，就像餵牛吃草一樣，牛吃了你的草後，生產牛奶，再來滋養你及其他人，你給的草對人類沒有營養價值，但是經過牛轉化為奶後，就變得很有營養了。當你供養老師時，其實是在供養佛法，物質的東西雖然是短暫的，但它帶來的利益卻是持久、無限的。供養不僅會增長功德，也為修習

佛法的決心播下了種子，它一定會成長，而供養得愈多，決心成長得愈快。

供養得視自己的能力和情況而定，除非到了菩薩的階段，不要做有生命危險的供養。大菩薩可以用任何事物供養佛法，包括自己的生命。供養時，重要的是內心的感受。

有人告訴我：「我一直想著您，要供養您，但是您的生活那麼簡單，看起來好像一切都具足了，既然重要的是心意，我就在內心裡供養您，這樣夠嗎？」我說：「我有足夠的物資過活，是我的事，要不要供養，則是你的事。」

在東初禪寺大殿裡的供桌上，我們每天都供養著水果、蔬菜和鮮花。佛像從來不吃這些供品、聞這些花朵，但是，這與我們無關，我們應該關心的是：自己要有供養心，而且不斷地想要供養。

第十章

圓覺菩薩

於是,圓覺菩薩在大眾中,即從座起,頂禮佛足,右繞三匝,長跪叉手而白佛言:「大悲世尊!為我等輩廣說淨覺種種方便,令末世眾生有大增益。世尊!我等今者已得開悟。若佛滅後,末世眾生未得悟者,云何安居,修此圓覺清淨境界?此圓覺中三種淨觀,以何為首?唯願大悲!為諸大眾及末世眾生,施大饒益。」作是語已,五體投地,如是三請,終而復始。爾時,世尊告圓覺菩薩言:「善哉!善哉!善男子!汝等乃能問於如來如是方便,以大饒益施諸眾生。汝今諦聽,當為汝說。」時圓覺菩薩奉教歡喜,及諸大眾默然而聽。「善男子!一切眾生若佛住世、若佛滅後、若法末時,有諸眾生具大乘性,信佛祕密大圓覺心,

欲修行者,若在伽藍安處徒眾,有緣事故,隨分思察,如我已說。若復無有他事因緣,即建道場,當立期限。若立長期百二十日,中期百日,下期八十日,安置淨居。若佛現在,當正思惟。若佛滅後,施設形像,心存目想,生正憶念,還同如來常住之日。懸諸幡花,經三七日,稽首十方諸佛名字,求哀懺悔,遇善境界,得心輕安。過三七日,一向攝念。若經夏首,三月安居,當為清淨菩薩止住,心離聲聞,不假徒眾。至安居日,即於佛前作如是言:『我比丘、比丘尼、優婆塞、優婆夷某甲,踞菩薩乘,修寂滅行,同入清淨實相住持,以大圓覺為我伽藍,身心安居平等性智,涅槃自性無繫屬故,今我敬請,不依聲聞,當與十方如來及大菩薩三月安居。為修菩薩無上妙覺大因緣故,不繫徒眾。』善男子!此名菩薩示現安居,過三期日,隨往無礙。善男子!若彼末世修行眾生求菩薩道,入三期者,非彼所聞一切境界,終不可取。

修行有兩種主要方式,一種是在日常生活中修行,另一種是在特定的時間和地點修行,例如打禪七。

很多人和我談起持續修行的問題，有一位修行人說：「我聽聞佛法已有多年，也很努力用功修行，但是當煩惱生起時，我仍然無法消除它，我懷疑修行到底有沒有用？」

另一位說：「我每天要管理兩百個員工，分配工作給他們。如果我不做事，他們就不知道要做什麼。這些員工一有問題就來找我，他們的問題就變成了我的問題，我實在受不了了！」

還有一位女士告訴我：「我已經六十歲了，在我一生當中，幫助了很多人，現在我想要認真修行，卻放不下我曾經幫助過的人，我的念頭和夢境不斷地告訴我，要繼續幫助他們。但是，如果我仍須照顧那麼多人，又怎麼能修行呢？我必須單獨修行，但這太難了！」

我想，許多人對這三個例子都有體會，大多數人無法在煩惱生起的當下使它離開，而且，雖然我們不應該讓別人的問題使自己起煩惱，卻沒有幾個人能真正做到這一點。理想中，我們應該像一個玻璃杯，雖然盛著有顏色的水，杯子本身卻不受水的顏色所影響。但是，如果前面所講的那些例子發生在你身上，你還能像玻璃杯一樣不受影響嗎？能偶爾做到這個境界，已經很不錯了。問題是，大多數人都像一塊布，把掉在自己身上的油漆和汙垢都吸

了進去；多數人在面對即使與自己無關的問題時，都會把它們變成自己的問題。

很多人與那位六十歲的女士一樣，因為缺乏決心，不能放棄舊有的習慣和熟悉的環境。許多人覺得自己不能放下家庭和工作的責任，問題是，修行時，如果不能放下這些東西，就無法真正地修行。

如果有一個精神失常的人，往你臉上吐了一口痰，你會有什麼反應呢？你可能會說自己不會生氣，因為你知道這個人不曉得自己在做什麼。但是如果事情真的發生了，你還會這麼鎮靜和清醒嗎？我就曾經在現實生活中看過類似的事情：有一個瘋子在街上打了一個人，那人跑去報警，但是警察說：「他是個瘋子。」被打的人回答說：「那麼他應該被關起來。」警察說：「他是在精神病院裡待過，但是被放出來了。」那人接著說：「那就應該再把他關回去，因為他的精神仍然不正常。」警察告訴他：「不要生氣，他只是精神失常，無法控制自己。」

被打的這個人無法平息自己的情緒，如果他有正確的心態，他會知道問題在於那個瘋子，自己不應該被這件事所困擾，這樣就不會有煩惱了。

我指出這些例子，是要告訴大家，日常生活中的修行是不夠的，我們很難僅僅藉由日常的修行

來達到清淨、祥和的層次。我們生活在迷惑和紛亂之中，所以很難讓自己的心達到不被外界困擾的寧靜狀態。因此，每年有一到多次的密集修行是必要的，如果你對修行很認真，就應該在這一生中撥出一段時間做長期的精進修行。

如果不天天修行，你可能無法保持對修行的熱忱；而如果沒有時間較長的密集修行，你會連短暫的真正平靜都無法體驗到。日常修行有兩個好處，第一，它能保持你對修行的興趣和熱忱；第二，它能提醒你，自己是個修行人。這種恆常的提示，會幫助你了悟到，為了生活中的起落而煩惱是如此的無意義和愚昧。但是，只有經由長時期的精進修行，才能體驗到深入的平靜。

因為日常修行和密集的精進修行各有各的重要性，對那三位向我抱怨修行有困難的人，我給了三種不同的回答。對第一個因煩惱持續不斷而氣餒的人，我會說，能夠知道自己無法克服煩惱是件好事，這表示他修得很好，要不然，他根本就不會注意到自己的煩惱，所以說，他是有善根的人。我告訴他：「你就像一個眼睛可以看，頭腦可以想，但是手腳不聽指揮的人，明明看到前面有一堆糞便，卻無法避開它。」知道會發生什麼事，總比盲了眼或無知好。盲人什麼都看不見，而無知的人雖然看

見了,卻不會明白。唯有修行過一段時間的人,才能認知煩惱。

聽我這麼說,他放心了,但是他接著問道:「那我將來是否可能不被煩惱所影響?」我告訴他,超越煩惱是可能的,什麼時候能做到則無法預測,唯有不斷修行,煩惱才會逐漸減輕而不再擾亂他。

修行人處理煩惱,有三個階段。第一是知道有煩惱,這是初學者的階段。第二是處理煩惱,當煩惱生起時,能清楚地知道問題的性質以及它是如何生起的,同時不會對煩惱感到忿恨,就只是接受它,然後懺悔那些讓煩惱產生的行為,試著不再重蹈覆轍。在第三個階段,煩惱只生起一次,就消失不再重現了,別的煩惱生起時,也會一樣消失而不再重現,問題就此一個接一個地終結。多數人在剛開始修行的時候,會希望煩惱能立刻、永遠地終結,這對初學者是不可能的,只有善根深厚、功德至高的人,才可能有這樣圓滿快速的成就,這樣的修行人已經是菩薩了。

當強烈的煩惱生起時,初學者不應太過失望。處理煩惱就像在花園裡除雜草,剛把草除完,只隔了一天,它們又長高了,所以我們必須不斷地除草,如果任它們自由生長,花園會雜草叢生,永遠

無法清除。煩惱也一樣，如果我們不斷地努力，我們的心一定會有清明而不被煩惱擾亂的時候。所以，對那些認為努力斷煩惱是沒有用的人，我告訴他們：「那你是不是認為，既然洗過澡身體還會變髒，就沒有必要洗澡了呢？」我想你們不會接受這種邏輯。所以說，既然我們每天都要洗澡，以保持身體的清潔，我們也應該時常禪坐，以保持心的清明。

至於那位每天管理兩百位員工的人，我告訴他說：「你應該把禪修融入日常生活中，你工作的地方就是修行菩薩道的最佳環境。我建議你每天打坐兩個小時，週日更精進一些，然後每年參加兩次禪七，這樣的話，你便能輕易地處理工作上所發生的一切問題，更會發現，這些問題都是禪修的良機。」

如果我們日常所做的事，都是在利益他人，那麼生活中的每件事，便都是禪的修行。服務他人、幫助他人是禪的重要功課，即使遇到了艱困的情況，我們也應當珍惜每個修行的機會，如果有這樣的態度，我們會把有問題的人看成是幫助自己修行的菩薩。

對那位六十歲的女士，我說：「既然妳已經知道禪修有多重要，我勸妳放下一切，把所有的心力

都放在修行上。要是沒有足夠的修行，不管妳花了多少心力，能給予別人的幫助都是有限的，而如果有修行，妳所能給予別人的幫助就沒有限制了，所以，我勸妳把修行放在第一位。」

成為大修行人是很不容易的，我們開始走這條路時，都是凡夫，都有凡夫的問題、困難和疑惑。走上修行的路後，就得積極地努力，盡愈來愈大的力量，直到達成目標為止，這是一個真正修行人唯一的道路。

> 善男子！若諸眾生修奢摩他，先取至靜，不起思念，靜極便覺。如是初靜，從於一身至一世界，覺亦如是。善男子！若覺遍滿一世界者，一世界中有一眾生起一念者，皆悉能知，百千世界亦復如是。非彼所聞一切境界，終不可取。

這段經文講的是奢摩他，也就是「止心」。當心靜止到念頭不起的地步時，身、心和世界都會消失，那就是菩提，菩提是對一切都清清楚楚的覺照。

這裡所說的菩提，有三個不同的層次，第一個層次是，當心逐漸靜止後，你會開始覺察到相續

不斷的每個心念；到了第二個層次，你能覺察到一個世界中每個眾生的心念；在第三個層次，你能覺察到一切世界中每個眾生的心念。第二個層次的覺知可以形容成「照」，就好像照相機能夠將前面的景物毫無分別地記錄下來。第三個層次與第二個層次的不同點是，它能清楚地分別事物而不起凡夫的執著，在這個層次裡，開悟的菩薩能清楚地認知事物，在沒有執著的情況下，依智慧做出分別來幫助眾生。

這段經文的最後一句話，告誡我們不要執取任何不是從佛那裡聽聞的事物，這裡的聽聞與一般的意義不同，一般來說，聽聞指的是傾聽佛的教導，來了解佛法，產生對佛法的信心。但是，這還不夠，聽聞後還必須修行，只有修行才能讓我們直接體驗到佛法的真實意義，這樣才能清除所有的疑惑，超越知識的理解。佛在這裡所說的「聞」，指的是直接的體悟，除此之外，一切都只是幻相。

有些人只聽我演講，自己卻不修行，久而久之，就會認為我老是重複講話的內容，對他們沒有幫助，很多人因此就不再來了。另一些人除了聽我演講之外，自己也修行，但是他們仍然有一些問題：念佛不能一心、觀空沒能達到無有障礙的清明、數息無法靜心等。第一種人對佛法有某種程度

的信心和了解，但是不堅固；第二種人已經在修行了，但這也不能保證他們會有堅固的信心及學佛的成就，因為他們仍然活在煩惱中，但至少這些人有實證的機會。單單只有信心和理解是不夠的。

> 善男子！若諸眾生修三摩缽提，先當憶想十方如來，十方世界一切菩薩，依種種門，漸次修行，勤苦三昧，廣發大願，自熏成種。非彼所聞一切境界，終不可取。

我在前面說過，三摩缽提的意思是「等持」，也就是心裡同時保持奢摩他（止）及毘婆舍那（觀）：心不動，但是清楚明白地觀照。《圓覺經》所說的是大乘的三摩缽提，以救度眾生的動機為基礎。要想正確地修習大乘的三摩缽提，在修行甚深禪定之前，內心一定要發菩薩的悲願。最後一句話與前一段闡述奢摩他的結語類似，它告誡修行人不要相信任何非由直接體驗和證悟所得的境界。

> 善男子！若諸眾生修於禪那，先取數門，心中了知生、住、滅念分齊頭數，如是周遍四威儀中，分別念數，無不了知。漸次增進，乃至得知百千世界一滴之雨，猶如目觀所受用

物。非彼所聞一切境界，終不可取。

雖然這一段經文看起來和闡述奢摩他的那段一樣，卻有細微的不同。奢摩他那一段講的是，覺知自己和無數世界中每一位眾生的心念；而三摩缽提那一段強調在修定時，體驗菩薩的悲願。這段經文則解釋如何駕馭奢摩他和三摩缽提。經文可以分為兩部分，第一部分針對修行人本身，另一部分則針對世界和其他眾生。

經文中的「數」這個字，描述了我們對自己和他人應該如何修行：我們必須清楚地知道每一個心念，而且要比奢摩他的層次深。奢摩他要求我們覺知每個相續的心念，禪那則更深入覺知每個心念的「壽命」，也就是它的生、住、異、滅。譬如，在行、住、坐、臥四威儀當中，都要能覺察到心念起滅的這四個階段。

能夠清楚覺知每個相續的心念，已經是修行的重大成就了，而覺察每個心念起滅的四個階段，更是極難駕馭的，儘管如此，這是一個值得修習的方法。看著心念的相續遷流，就像在看電影；而看著心念起滅的每個階段，則是把電影的速度放慢，然後仔細去觀察每個影像。

在駕馭了觀察自己每個心念生、住、異、滅的

能力後,就應該清楚地去觀察所有世界中,每個眾生的心念過程,成就了那個境界,就能覺察到每個地方的每一件事,而他方世界的一滴雨,會像在眼前一樣的清楚。

這段經文似乎沒有說到救度眾生,但是,修行到了這個階段,已經不需要再提及它了,利他已經成了自發、自然的行為,看到別人有煩惱,就有如看到自己有煩惱一樣。有這種成就的眾生,已經是最高層次的菩薩,他們對世界的覺知,有如鏡子映現影像一樣清晰明照,不僅如此,他們更積極地投入世間,來圓滿他們的悲願。

能覺察自己的心念是很明顯的事,但是要如何才能覺知他人的心念呢?首先,我們必須達到身心統一的階段,一般來說,我們只能用感官來覺察他人,眼睛看到光波,耳朵聽到聲波,然而,我們的覺察力是遲鈍、有限和粗糙的。

科學家已經證明,腦波是可以偵測的,心在運作時,會發出波動,也就是說,心念帶有能量,當我們的心靜止、清晰到某種程度時,這些心念是可以被覺察的。如果心是清晰的,六識就變得敏銳有力,也就能夠感知到平常不被覺察到的事物。

然而,身心統一的人,其能力還是有限的。他們也許能覺察到在一定距離內的人的心念和感受,

但是他們無法知道所有的世界中,一切眾生的心念。要達到這個階段,身、心、世界都要消失,也就是說,所有的執著都要袪除,到了這個境界,六識已經淨化,就可以同時知道所有眾生的心念。依據大乘的觀點,有此成就的修行人,一定是初地或更高階位的菩薩。

是名三觀初首方便。若諸眾生遍修三種,勤行精進,即名如來出現于世。若後末世鈍根眾生,心欲求道,不得成就,由昔業障,當勤懺悔,常起希望,先斷憎愛、嫉妒、諂曲,求勝上心,三種淨觀,隨學一事。此觀不得,復習彼觀,心不放捨,漸次求證。」爾時,世尊欲重宣此義,而說偈言:

圓覺汝當知　一切諸眾生
欲求無上道　先當結三期
懺悔無始業　經於三七日
然後正思惟　非彼所聞境
畢竟不可取　奢摩他至靜
三摩正憶持　禪那明數門
是名三淨觀　若能勤修習
是名佛出世　鈍根未成者

常當勤心懺　無始一切罪
諸障若消滅　佛境便現前

　　如果有人修成了這三觀，就如同如來出現於世。這有兩種意義：第一種意義是，成就這三觀時，即親見如來；第二種意義是，當有人成就此三觀時，他人會在這位修行人身上看到如來的體現。

　　至於沒有銳利的根器，仍然身陷煩惱之中的修行人，應該懺悔往昔的行為。拜佛是懺悔最好的方法，拜佛可以減輕深重的業障，讓我們能更容易修習觀照的法門。

　　經文說，如果修行人修習三觀的某一觀不能得力，應該改修另一觀。這是可能的，但需要強調的是，應該先嘗試奢摩他，再試三摩缽提，最後才試禪那。這三觀是層次漸深的修行，如果連奢摩他都修不成，另外兩個就不太可能成就，我建議大家如果修第一觀──奢摩他──有困難，應該轉修懺悔。但是，經文這麼說自有它的道理，我們可以這麼闡釋：如果我們用一個方法能得到成就，也就能在所有三個方法中得到成就，這是因為，所有的修行方法都是互通的。

第十一章

賢善首菩薩

於是,賢善首菩薩在大眾中,即從座起,頂禮佛足,右繞三匝,長跪叉手而白佛言:「大悲世尊!廣為我等及末世眾生,開悟如是不思議事。世尊!此大乘教名字何等?云何奉持?眾生修習得何功德?云何使我護持經人,流布此教至於何地?」作是語已,五體投地,如是三請,終而復始。爾時,世尊告賢善首菩薩言:「善哉!善哉!善男子!汝等乃能為諸菩薩及末世眾生,問於如來如是經教功德名字。汝今諦聽,當為汝說。」時賢善首菩薩奉教歡喜,及諸大眾默然而聽。「善男子!是經百千萬億恆河沙諸佛所說,三世如來之所守護,十方菩薩之所歸依,十二部經清淨眼目。是經名『大方廣圓覺陀羅尼』,亦名『修多羅

了義』，亦名『祕密王三昧』，亦名『如來決定境界』，亦名『如來藏自性差別』，汝當奉持。

釋迦牟尼佛聲明，他不是唯一宣說此經的佛，所有過去、現在、未來的無數諸佛，都宣說此經。因此，《圓覺經》不僅在我們的世界裡有，在一切世界，一切宇宙中也都被弘揚。

所以，《圓覺經》被所有世界的諸佛所護念，一切菩薩也都以此經為歸依，釋迦牟尼佛稱之為所有佛經中最重要的一部，因為它是每一位菩薩和佛所必須明瞭和修習的，而且，當修行人成佛時，他們所宣說的，也就是這些內容。

《圓覺經》又叫「十二部經清淨眼目」，因為它是了解包括了偈頌、長行（散文）、譬喻或本生（講述佛過去世的故事）等一切佛經的基礎。此經也叫「祕密王三昧」，因為它闡述了最高的三昧和最微妙的教義；它也叫「如來決定境界」，因為只有如來能完全了解此經；它又叫「如來藏自性差別」，因為它是從能起一切分別的圓覺自性而來，如來藏是不動的，但是它的自性功德卻能以無數的方式示現。

善男子！是經唯顯如來境界，唯佛如來能盡宣說，若諸菩薩及末世眾生依此修行，漸次增進，至於佛地。善男子！是經名為頓教大乘，頓機眾生從此開悟，亦攝漸修一切群品。譬如大海不讓小流，乃至蚊虻及阿修羅飲其水者，皆得充滿。

有些佛經強調，頓悟的佛法只能利益有頓悟根器的人，沒有這種根器的眾生，就無法依照經文來修行。《圓覺經》則不同，所有各類根器的眾生，都能依照此經修行，獲得利益，因此，這部經有如容受一切江流的大海，無論是蚊虻或阿修羅，但飲其水，皆得充滿，一切眾生得聞此經，都能獲得利益。

這裡用大海的譬喻，有另一層更深的涵義，因為水皆來自同一個大海，雖然每個眾生掏取的份量不同，味道卻都一樣。因此，只要任何人能直接體驗到此經的教導，不管根器如何，他都能見佛所見，也許體驗的深厚有所不同，但性質是一樣的。

善男子！假使有人純以七寶，積滿三千大千世界以用布施，不如有人聞此經名及一句義。善男子！假使有人教百千恆河沙眾生，得

阿羅漢果，不如有人宣說此經分別半偈。善男子！若復有人聞此經名，信心不惑，當知是人非於一佛、二佛種諸福慧，如是乃至盡恆河沙一切佛所，種諸善根，聞此經教。汝善男子當護末世是修行者，無令惡魔及諸外道惱其身心，令生退屈。」爾時，世尊欲重宣此義，而說偈言：

賢善首當知　是經諸佛說
如來等護持　十二部眼目
名為大方廣　圓覺陀羅尼
顯如來境界　依此修行者
增進至佛地　如海納百川
飲者皆充滿　假使施七寶
積滿三千界　不如聞此經
若化河沙眾　皆得阿羅漢
不如聞半偈　汝等於來世
護是宣持者　無令生退屈

　　佛在此舉出幾個要點：首先是聽聞和了解此經的功德。如果能聽到此經的經名，那麼你所獲得的功德比布施無數珍寶的功德還大；如果了解一句經文的意思，所得的功德又更大。

第二點是,幫助無數眾生成阿羅漢,還不如僅以此經的半個偈子教人。釋迦牟尼佛這麼說,是在稱頌大乘,它教導我們,為了成就佛道,必須發菩薩的大悲誓願。

第三點是,在今生聽聞此經的人,必定都已從過去諸佛那裡聽過無數次了,而對此經的教導具有堅定信心的人,也必定都已隨無數諸佛修行過了。

第四點,佛懇請大眾中的菩薩和弟子們,幫助和保護未來受持此經的修行人,使他們不離正道,也不退轉。經文接下來列出與會的一些護法神。

> 爾時,會中有火首金剛、摧碎金剛、尼藍婆金剛等八萬金剛,并其眷屬,即從座起,頂禮佛足,右繞三匝而白佛言:「世尊!若後末世一切眾生,有能持此決定大乘,我當守護,如護眼目。乃至道場所修行處,我等金剛自領徒眾,晨夕守護,令不退轉。其家乃至永無災障,疫病銷滅,財寶豐足,常不乏少。」

我們可以從此經獲得很大的利益,依此經修行,最高層次可以成佛,而在另一個層次上,修行者、他的家人以及他周遭的一切,都會受到保護。佛有雙重任務,一是開示佛法,指導菩薩和其他眾

生修行,另一個任務是保護修行人,不讓他們受傷害或起退心。佛不需要直接施予援助,護法神和應化的菩薩會擔起這個任務,護法神不僅會在修行佛法的人周遭護佑,也會出現在有佛經的地方。

護法神來自佛的力量,有成就的修行人可以感覺到他們的存在,而即使修行人不知道他們的存在,他們還是在那裡。有時候,我們的生活方向會有顯著的改變,視情況而定,這可能是護法神的傑作。我們可能會以為是自己想出了一個好主意,但這有可能是受了外力的影響。護法神可以在適當的時機,引導修行人改變觀點或心態。

想要獲得護法神的幫助,必須對修行有正確的了解。我自己從不曾請神幫助我,但是我知道他們就在那裡,也願意幫助我,因此,我不害怕自己的心境會被外力干擾,也正因為我從不企求任何東西,因此得到了護法神的幫助。

當我們向護法神祈求時,必須表明我們的動機,如果我們為了佛法而尋求幫助,就不會有問題,因為,宣揚佛法本來就是護法神的責任。但是,如果為了私利而祈求,即使護法神滿了我們的願,所欠的業債還是得在未來償還。

最後,就讓我們以經文的最後幾段來結束我對《圓覺經》的講解:

爾時，大梵天王二十八天王、并須彌山王、護國天王等即從座起，頂禮佛足，右繞三匝而白佛言：「世尊！我亦守護是持經者，常令安穩，心不退轉。」爾時，有大力鬼王名吉槃茶，與十萬鬼王即從座起，頂禮佛足，右繞三匝而白佛言：「世尊！我亦守護是持經人，朝夕侍衛，令不退屈。其人所居一由旬內，若有鬼神侵其境界，我當使其碎如微塵。」佛說此經已，一切菩薩、天、龍、鬼神、八部眷屬，及諸天王、梵王等一切大眾，聞佛所說，皆大歡喜，信受奉行。

國家圖書館出版品預行編目資料

完全證悟：聖嚴法師說《圓覺經》生活觀 / 聖嚴法師著；釋常華，葉文可譯. -- 二版. -- 臺北市：法鼓文化, 2024.10
面； 公分
譯自：Complete enlightenment : Zen comments on the Sutra of Complete Enlightenment
ISBN 978-626-7345-42-9 (平裝)

1. CST: 經集部

221.782   113011319

完全證悟——聖嚴法師說《圓覺經》生活觀
COMPLETE ENLIGHTENMENT:
Zen Comments on the *Sutra of Complete Enlightenment*

著者	聖嚴法師
譯者	釋常華、葉文可
審訂者	陳維武
出版	法鼓文化
總監	釋果賢
總編輯	陳重光
編輯	李金瑛
封面設計	化外設計
內頁美編	小工
地址	臺北市北投區公館路186號5樓
電話	(02)2893-4646
傳真	(02)2896-0731
網址	http://www.ddc.com.tw
E-mail	market@ddc.com.tw
讀者服務專線	(02)2896-1600
初版一刷	2006年11月
二版二刷	2024年12月
建議售價	新臺幣380元
郵撥帳號	50013371
戶名	財團法人法鼓山文教基金會—法鼓文化
北美經銷處	紐約東初禪寺 Chan Meditation Center (New York, USA) Tel: (718)592-6593　E-mail: chancenter@gmail.com

Complete Enlightenment: Zen Comments on the *Sutra of Complete Enlightenment*
Copyright © 1997 by Master Sheng Yen
Published by arrangement with Dharma Drum Publications, Inc.
Chinese translation copyright © 2024 by Dharma Drum Cultural and Educational Foundation - Dharma Drum CORP.
ALL RIGHTS RESERVED

本書如有缺頁、破損、裝訂錯誤，請寄回本社調換。版權所有，請勿翻印。

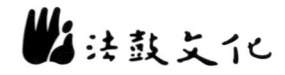